폭풍이 푸하푸하

STORMY WEATHER
BY ANITA GANERI

Text Copyright © Anita Ganeri, 1999
Illustrations Copyright © Mike Phillips, 1999
Translation Copyright © Gimm-Young Publishers, Inc., 2002
All right reserved.
This Korean edition is published by arrangement with
Scholastic Ltd., London through Eric Yang Agency, Seoul.

앗, 이렇게 재미있는 사회·역사가!

폭풍은
어디서 왔다가
어디로 가는가….

폭풍이 푸하푸하

애니타 개너리 글 | **마이크 필립스** 그림 | **송현욱** 옮김

주니어 김영사

폭풍이 푸하푸하

1판 1쇄 인쇄 | 2002. 10. 30.
개정 1판 1쇄 발행 | 2019. 12. 5.
개정 1판 4쇄 발행 | 2025. 5. 2.

애니타 개너리 글 | 마이크 필립스 그림 | 송현욱 옮김

발행처 김영사 | 발행인 박강휘
등록번호 제 406-2003-036호 | 등록일자 1979. 5. 17.
주소 경기도 파주시 문발로 197(우10881)
전화 마케팅부 031-955-3100 | 편집부 031-955-3113~20 | 팩스 031-955-3111

값은 표지에 있습니다.
ISBN 978-89-349-9881-5 74080
ISBN 978-89-349-9797-9 (세트)

좋은 독자가 좋은 책을 만듭니다. 김영사는 독자 여러분의 의견에 항상 귀 기울이고 있습니다.
전자우편 book@gimmyoung.com | 홈페이지 www.gimmyoung.com

이 책의 한국어판 저작권은 EYA(Eric Yang Agency)를 통한 Scholastic Limited사와의 독점
계약으로 ㈜김영사에 있습니다.
저작권법에 의해 한국 내에서 보호를 받는 저작물이므로 무단전재와 무단복제를 금합니다.

이 도서의 국립중앙도서관 출판시도서목록(CIP)은 서지정보유통지원시스템
홈페이지(http://seoji.nl.go.kr)와 국가자료공동목록시스템(http://www.nl.go.kr/kolisnet)에서
이용하실 수 있습니다. (CIP제어번호 : CIP2019031946)

| 어린이제품 안전특별법에 의한 표시사항 | 제품명 도서 제조년월일 2025년 5월 2일
제조사명 김영사 주소 10881 경기도 파주시 문발로 197 전화번호 031-955-3100 제조국명 대한민국
사용 연령 11세 이상 ⚠주의 책 모서리에 찍히거나 책장에 베이지 않게 조심하세요.

차례

책머리에	7
죽음의 폭풍	11
광활한 대기	20
폭우와 폭풍	40
우르르 쾅쾅!	62
휘리리리릭, 회오리!	90
허리케인을 찾아서	117
자나깨나 폭풍 관찰	134
아! 폭풍이여	152
폭풍 스타들	164
폭풍의 미래는?	173

책머리에

　지리학. 지리학은 정말 지루한 학문일까? 사실 너무 방대하게 느껴질 수도 있다. 지구라는 이 드넓은 세계를 샅샅이 공부하고 연구하는 일이니까. 지구 곳곳을 연구한다고? 그렇게 얘기하니까 아주 흥미진진하게 들리는 것도 같다. 그런데 선생님들은 지리 시간을 교장 선생님의 연설처럼 하품만 나오게 만드신다. 속상한 일이지만 뭐 어쩌겠는가. 선생님들의 습관인걸. 어디 한번 지리 선생님들의 대화를 들어 볼까.

　저게 대체 무슨 소리람? 음, 대충 풀어 보면 아주 쉬운 얘기이다. 보통 사람들이라면 이렇게 말했을 텐데.

그렇군. 지리 선생님들은 날씨 얘기를 하고 있었던 거다. 비가 올 것 같은 날씨. 내일 비가 올까, 안 올까…. 지리학에서 지겹도록 관심이 큰 문제가 바로 날씨이다. 폭풍이 칠 것인가 알아내려면 어떻게 하면 될까? 이 간단한 실험을 해 보라. 엄마나 아빠께 다정하게 미소를 지어 보이고 지리 숙제를 좀 도와 달라고 부탁 드리는 거다.(엄마와 아빠는 대견해하시면서 당연히 도와 주실 거다.) 그러면 엄마와 아빠께 몇 분 동안 나가 계시라고 한다. 그리고 잠시 후 들어오신 두 분을 잘 살펴보라. 두 분의 모습은….

세 가지가 모두 맞으면 곧 폭풍이 친다고 생각해도 된다. 음, 간단하군.

이 책은 지리 공부에 대해 이렇게 쉬운 말로 얘기할 것이다. 끔찍한 폭풍으로부터 살아난 사람들은 그 비극을 이렇게 말한다. "바람이 얼마나 센지 기차가 트랙에서 벗어났어요. 웬 비가 그렇게 내리는지… 하늘에 구멍이 난 것 같았어요. 그 비로 도시가 거의 잠기다시피 했으니까요. 쌩쌩 부는 바람은 나무 껍질을 벗겨 버릴 정도였습니다."

그런 끔찍한 폭풍이 불어오면….

● 번개의 찌릿한 맛을 느낄 수 있다.

● 죽음의 폭풍인 토네이도가 다니는 길을 알 수 있다.
● 허리케인의 '눈' 속으로 날아갈 수 있다.

● 기상학자처럼 날씨를 예보할 수 있다.

- 지리 공부가 그다지 지루하지 않음을 알 수 있다. 사실 지리 공부는 아주 신나고 재미있다. 이제 곧 알게 될 거야….

죽음의 폭풍

열대성 폭풍이 지나는 곳에서 사는 사람들은 어떨까? 지구상에 대략 5억 명이 강력한 폭풍이 부는 곳에서 산다. 폭풍이 몰아치는 시기에 그들의 삶은 뒤죽박죽이 되고 만다. 그곳은 또한 세계에서 가장 가난한 곳이기도 하다. 폭풍이 불어닥치는 시기에는 모든 것을 잃어버리게 되니까. 살던 집, 가구, 소지품들, 논과 밭, 그리고 가족까지.

1998년 중앙 아메리카에 불어닥친 허리케인 '미취'. 그곳에 사는 사람들은 갈가리 찢긴 자신들의 삶을 복구하고자 애쓰고 있다. 그 끔찍했던 비극에서 한 사람이 살아 남았는데….

중앙 아메리카, 온두라스

1998년 10월 ~ 11월

내 이름은 '로라 이자벨 아리올라'이다. 나는 학교 선생님이다. 아, 이전에는 그랬다. 이제 이곳에는 학교가 없다. 나는 '아그반' 강 입구 근처, '바라 드 아그반' 마을에서 살고 있었다. 남편과 세 아이들과 함께.

그러나 그곳에는 이젠 사람이 살지 않는다.

10월 29일, 목요일

정말 끔찍한 일이었다. 어떻게 말해야 할지 모르겠다.

거대한 폭풍이 우리 마을에 불어닥쳤을 때, 강물은 무서울 정도로 불어났다. 이전에는 강물의 높이가 그렇게 높아진 걸 본 적이 없었으니까. 그 강물은 마을을 향해 밀어닥쳤고, 마을의 집들은 물살에 휩쓸렸다.

물살은 곧 우리 집에도 이르렀다. 우리 집은 강에서 30분이나 걸리는 거리였다. 우리 가족과 나는 이웃집 지붕 위로 올라갔다. 물이 빠질 때까지 기다리면 안전할 거라고 생각했다. 하지만 그렇지 않았다. 거친 물살은 지붕 위에 쪼그리고 앉은 우리 쪽으로 향했고, 우리는 휩쓸리고 말았다.

우리는 간신히 보트에 매달렸지만  바람이 너무 세게 불고 파도가 너무 높아 모두 뿔뿔이 흩어지고 말았다. 그 뒤로 나는 남편과 아이들을 다시 보지 못했다.

나는 강물로 쓸려갔다. 그때까지는 어린 아들을 꽉 잡고 있었다. 하지만 이내 강물이 아들을 내 팔에서 앗아갔다. 더 이상 말을 못하겠다. 울어 버릴 것 같아서…. 나는 물살 위로 떠오르려고 애썼다. 저쪽 너머로 아이가 보였다. 나는 있는 힘껏 수영을 했다. 가라앉으면 안 된다. 떠내려가면 안 된다. 아이를 구해야 한다. 그런데 점점 물 속으로 들어가고 있는 것 같았다. 아이와 함께 살아날 수 있다면…. 아, 아이가 죽는다면 나도 죽어 버리고만 싶었다. 순간 물살이 나를 더 멀리 휩쓸고 가서 결국 나는 바다로 나아갔다.

나는 바다에 떠 있는 나무 뿌리나, 나뭇가지, 나무 판을 잡을 수 있었다. 그리고 그것들을 묶어 뗏목을 만들었다. 그리고 힘 닿는 대로 꽉 붙잡았다. 내 주위에는 쓰레기와 박살난 집의 조각들이  둥둥 떠다녔다. 죽은 동물들과 어린 아이 시체도 하나 보였다. 그 아이는 우리 아이가 아니었다. 물살은 점점 더 나를 멀리 데려갔고, 그와 함께 내 마음은 점점 더 절망적이 되어 갔다. 악몽의 시간이었다. 바닷물은 점점 어두워지고 차가워졌다. 나는 겁이 났다.

뜻밖에도 파인애플과 오렌지, 코코넛을 발견했다. 나는 코코넛을 따서 허겁지겁 마셨다. 그러나 시간은 자꾸만 흘러갔고, 아무도 오지 않았다. 사방을 둘러봐도 보이는 건 바다와 하늘뿐이었다. 밤이 되면 달을 벗삼았다.

어디를 둘러보아도 육지는 보이지 않았다. 거친 물살은 잡고 있던 뗏목을 때리며 나를 떨어뜨리려 했다. 물살은

내 위로 계속 덮쳐 왔다. 나는 곧 익사할 것만 같았다.
　아무도 없었다. 나 혼자였다. 때로 나는 옆에 있지도 않은 아이들에게 얘기를 했고 자장가를 불러 주기도 했다. 그러면 아이들이 곁에 있는 것만 같았다. 있는 힘껏 소리를 지르기도 했다. 매일 울고 또 울부짖었다. 그러나 아무도 내 소리를 듣지 못했다. 아무도 오지 않았다. 나는 철저히 혼자였다.

11월 4일, 수요일
6일 후
　얼마나 지났을까. 어느 날 작은 오리 한 마리가 뗏목 근처로 헤엄을 쳐왔다. 나는 오리에게 말을 걸었다. "오리야, 살아 있는 사람이 있다고 좀 전해다오. 어서 뭍으로 가서 사람들에게 말 좀 전해 주렴."

　나는 울다가 다시 말했다. "나를 좀 데려다 다오. 너와 함께 날아갈 수 있다면." 그리고 나는 도와 달라고 하나님께 기도를 했다. 내 기도를 반드시 들으셨을 거야. 저 작고 귀여운 오리가 내 말을 알아들었을까? 나는 지쳐 잠이 들었고 아이들 꿈을 꾸었다. 아이들을 다시 한번 보고 안아 줄 수 있다면….

그런데 나는 비행기 소리에 잠에서 깼다. 하늘을 올려다보니 머리 위로 비행기 한 대가 날아가는 게 아닌가. 하지만 비행기는 그냥 가 버렸다. 잠시 후, 헬리콥터 한 대가 다시 날아왔다. 그리고 한 남자가 내려와 나를 하늘로 끌어올렸다. 나는 그에게 말했다. "하나님 감사합니다. 제 기도를 들어 주셨군요."

나는 이제 뭘 해야할지 모르겠다. 나는 아무 것도 가진 게 없다. 갈 곳도 없다. 폭풍 속에서, 나는 모든 걸 잃어버렸다.

그리고…

로라 이자벨은 영국 해군 경비정, 'HMS 셰필드'에 의해 구조됐다. 선원 30명이 타고 있던 셰필드 호는 그 날 폭풍으로 실종됐다고 보도된 요트를 찾고 있었다. 로라 이자벨은 운 좋게도 해안경비원의 수색 작전 중에 발견된 것이었다.

사람이 살아 있었다는 것은 기적이었다. 로라 이자벨은 집에서 무려 80km나 떨어진 카리브해 해안까지 떠내려갔다가 구조

되었다. 더구나 추위와 충격이 심했는데도 불구하고 크게 다치지도 않았다. 그녀는 얘기를 하면서 눈물을 참으려 애썼다. 그런 역경에서 혼자 살아남았다는 것은 정말 대단한 용기였다.

관계자 중 한 사람이 이렇게 말했다. "그런 상황에서 살아남았다니 정말 믿기지 않습니다. 해군에서 20년 동안 근무했지만 이런 일은 처음입니다. 로라 이자벨의 체력과 정신력은 그 누구와도 비교할 수 없이 강한 것이었습니다."

허리케인 '미취'

1. 허리케인 '미취'는 1998년 10월 22일 카리브해 해안에서 태어났다. 태어난 지 1주일 뒤 미취는 중앙 아메리카를 휩쓸었다. 니카라구아, 온두라스, 엘살바도르, 과테말라가 심하게 피

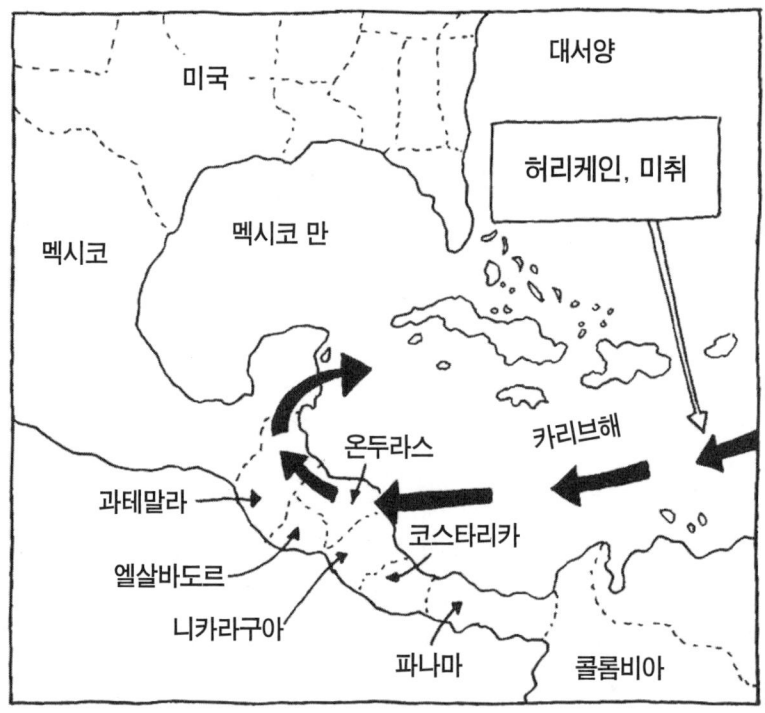

해를 입었다. 미취는 중앙 아메리카를 심하게 할퀴고, 11월 6일 대서양 쪽으로 향했다.

2. 미취는 그 지역을 덮친 폭풍 중 200년 만에 가장 사나운 폭풍이었다. 폭풍의 소리는 마치 동물의 울부짖음 같았다고 생존자는 전한다.

> 한꺼번에 기차 천 대가 터널을 지나가는 소리 같았어요.

3. 미취로 인해 수천 명이 죽었고 수백만 명이 집을 잃었다. 온두라스의 피해가 가장 심했다. 국민의 반 이상이 수재민이 됐고, 농장의 4분의 3이 훼손됐다. 도시 '테구치갈파'는 식수와 전기가 끊겼다. 모든 게 끊기고 파괴됐다. 남은 게 없었다. 폭포처럼 쏟아지는 빗줄기는 홍수로 불어났고, 살인적인 진흙이 사람들을 산 채로 묻었다. 다리와 길도 사라졌다. 중앙 아메리카에서 가장 혼잡한 도로이자 아메리카 대륙을 연결하던 중요한 고속도로 역시 강 아래로 무너져 내렸다.

4. 맛있는 바나나는 중앙 아메리카의 주요 농산물이었다. 적어도 허리케인 미취가 그곳을 휩쓸고 가기 전까지는 말이다. 바나나 말고도 그 지역의 귀중한 쌀 농사와 커피 농사가 모두 파괴됐다. 농장이란 농장은 전부 두터운 진흙으로 뒤덮여 온데간데 없었다. 집도 잃고 일터도 잃어 오갈 데 없는 사람들이 수천 명이 넘었다.

5. 미취가 아무리 강한 허리케인이라고 해도 어떻게 그 정도로 살인적일 수 있을까? 지리학자들도 의아해했다. 이전에 온두라스를 덮친 열대성 폭풍들과는 달랐다. 미취는 바람만 강한 것이 아니라 폭우도 대단했다. 그러나 대재앙의 결정적인 이유는 그곳의 지형적인 특성 때문이었다. 그곳에 사는 농부들은 곡물이 잘 자라도록 늘 나무를 베었을 뿐 아니라 동물을 산에 풀어서 키웠다. 그로 인해 대지를 지탱해 줄 뿌리 없는 토양이 점점 늘어났다. 결국 뿌리 없는 토양이 폭우에 의해 쉽게 휩쓸려가 버린 것이다. 그렇다고 농부들 탓을 할 수만은 없다. 농부들은 곡식이 잘 자라도록 나무를 베어 준 것일 뿐이다. 곡식이 잘 자라야 먹고 살 수 있으니까. 그 지역의 어쩔 수 없는 악순환인 셈이다.

허리케인 미취는 10일 동안 계속됐다. 그러나 단 10일 간의

홍수가 나면 사람들은 배고프다.

농부는 곡식을 키우려고 또 나무를 벤다.

폭풍이 불러온 피해를 복구하는 데에는 70년이 걸릴 것이다. 국가마다 피해 복구를 도우려고 나섰다. 그러나 구조대는 구호품을 보내는 것조차 힘들었다. 물이 가득 찬 도시 안으로 들어가려면 헬리콥터나 카누를 타야만 했다.

하루 아침에 모든 것을 잃어버린 사람들이 다시 일어설 수 있도록 돕는 수재민 센터가 생겼다. 그러나 그런 임시적인 피난처에서도 사람들은 필사적으로 집으로 돌아가려고 했다. 아직도 집을 잃고 헤매는 사람들이 많다.

그런데 슬프게도 다시는 그런 일이 일어나지 않으리라는 그 어떤 보장도 없다. 도대체 폭풍은 무엇일까? 어떻게 해서 그런 기이한 일이 일어날 수 있을까? 우습게도 그렇게 강한 폭풍이 알고 보면 단지 뜨거운 공기 덩어리에 불과하다고 한다.

✧˚ 광활한 대기 ˚

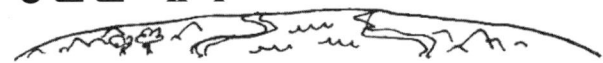

　사람들은 날씨에 대해 얘기하길 좋아한다. 하늘을 올려다보며 날씨를 점치기도 하고, 신경통이 심해진 것으로 앞으로의 날씨를 알아맞히기도 한다.

　음, 위의 아저씨 둘 다 좀 엉뚱한 것 같은걸. 대체 날씨가 뭘까? 왜 바람은 불고 비는 내리는 걸까? 잠깐, 모자를 꽉 잡아….

　…이제 하나씩 알게 될 거야.

대기가 뭐지?

밖으로 나가 하늘을 올려다보라. 계속, 더 높이. 뭐가 보이나? 높이 떠가는 구름? 낮게 날아가는 새들? 끝이 보일 것 같지 않은 멀고 먼 하늘? 그 드넓은 하늘이 곧 대기이다. 대기는 지구 둘레를 감싸고 있는 공기로 된 거대한 담요라고 할 수 있다. 머리 위로 드넓게 펼쳐져 있는(정확히 말하면 약 900km 두께) 대기가 없다면 인간은 절대 살 수 없다.

대기가 없으면 살 수 없다고? 왜 그럴까? 아무 일도 일어나지 않는 것처럼 보이지만 대기는 끊임없이 인간에게 필요한 일들을 한다. 대기가 하는 중요한 일 두 가지를 살펴볼까?

필수 공기

공기는 무엇일까? 이렇게 생각하는 사람이 있을지 모른다. "공기 따위 없어도 살 수 있어! 아무 문제 없다구!" 그러나 그건 말도 안 되는 말씀. 인간은 공기로부터 산소를 호흡하지 않으면 살 수 없다. 그렇다면 공기는 어디서 얻을까? 대기에서!

하지만 사실 공기 중에서 우리가 숨쉬는 데 필요한 것은 아주 일부일 뿐이다. 공기 모두를 흡수하는 것은 아니니까.

신선한 공기를 위한 화창한 날씨 양념

- 먹을 사람 : 인간 모두
- 재료 : **질소**(78%), **산소**(21%-겨우 21%라고 생각할지 몰라도 이는 생명에 매우 중대한 양이다. 인간의 신체와 뇌가 제대로 돌아가려면 반드시 필요하다.), **아르곤**(0.9%), **다른 복합 공기**(0.1% - 이산화탄소, 수증기, 네온 소량, 헬륨 소량, 크립톤 소량, 수소 소량, 오존 소량) 맛있겠네!

- 요리 방법:
1. 준비된 가스를 모두 잘 섞어요.
2. 숨을 깊이 들이마셔요. 아아아! 기분 좋군.(들이마신 뒤에는 내쉬는 것을 잊지 말 것!)
3. 원하는 만큼 맛있는 공기를 만들 수 있어요. 단, 기체의 주어진 양은 반드시 지킬 것. 만약 실물 크기의 대기를 만들고 싶다면, 심장이 철렁할 정도로 많은 공기가 필요하다. 자그마치 510만의 10억 배!(계산은 여러분이 직접 해 볼 것!) 아, 광활한 대기의 무게가 상상이나 되는가.

경 고

위의 요리법은 지면과 가까운 곳의 공기에 해당한다. 높은 산을 오를 때는 조심하라. 높이 올라갈수록 산소의 양은 줄어든다. 그래서 숨쉬기가 점점 어려워지는 것이다.

세계의 날씨

이렇게 말하는 사람도 있을지 모른다. "흠, 날씨라고! 난 그런 거 없어도 잘만 살아." 하지만 과연 그럴까? 날씨와 기후란 다름 아닌, 지구를 둘러싸고 있는 대기층 안에서 일어나는 현상이다.

기상학자는 지구를 둘러싸고 있는 그 대기층을 대류권이라고 불러. 태양에서 나오는 열이 대류권의 공기를 휘젓지. 그 휘저어진 공기로 인해 바람과 폭풍이 생기는 거야. 산들바람에서 엄청난 강풍까지. 태양은 지구에서 1억 5천km 떨어져 있어.(우와!) 그렇게 멀리 떨어져있는 태양에서 나오는 열이 없으면 지구에는 날씨라는 것이 없게 돼. 그런데 태양 빛은 전 세계에 공평하게 비치지는 않는단다.

지구 곳곳은 온도가 다 똑같지 않다. 어떤 곳은 다른 곳에 비해 훨씬 춥다.(특히 소름끼치는 지리 수업 시간!) 날씨가 뭔지 간단히 말하자면 그런 거다. 그러니까 열기와 냉기를 적절히 나누는 것이 날씨의 일이다. 그렇지 않다면 뜨거운 곳은 점점 더 뜨거워질 것이고, 차가운 곳은 점점 더 차가워질 것이다. 그러면 지구 위에는 아무 것도 살 수 없게 될지도 모른다. 나도 그리고 여러분도.

그러나 대류권은 빙산의 일각이다. 이제부터 이야기할 대기는 그보다 훨씬 더 크다. 대기는 어마어마한 샌드위치 같은 층들 안에 배열돼 있다.

지구의 대기

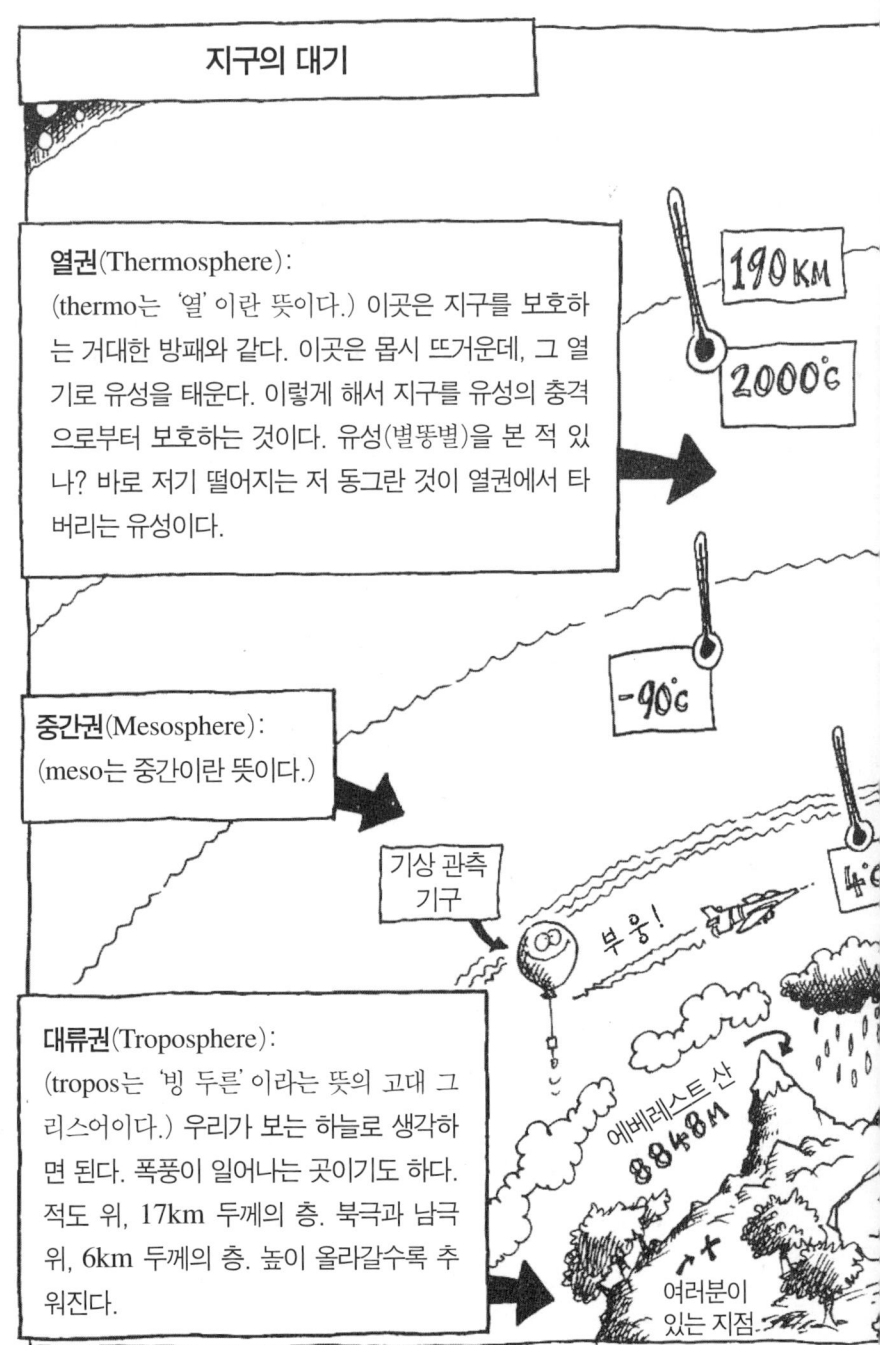

열권(Thermosphere):
(thermo는 '열'이란 뜻이다.) 이곳은 지구를 보호하는 거대한 방패와 같다. 이곳은 몹시 뜨거운데, 그 열기로 유성을 태운다. 이렇게 해서 지구를 유성의 충격으로부터 보호하는 것이다. 유성(별똥별)을 본 적 있나? 바로 저기 떨어지는 저 동그란 것이 열권에서 타 버리는 유성이다.

중간권(Mesosphere):
(meso는 중간이란 뜻이다.)

대류권(Troposphere):
(tropos는 '빙 두른'이라는 뜻의 고대 그리스어이다.) 우리가 보는 하늘로 생각하면 된다. 폭풍이 일어나는 곳이기도 하다. 적도 위, 17km 두께의 층. 북극과 남극 위, 6km 두께의 층. 높이 올라갈수록 추워진다.

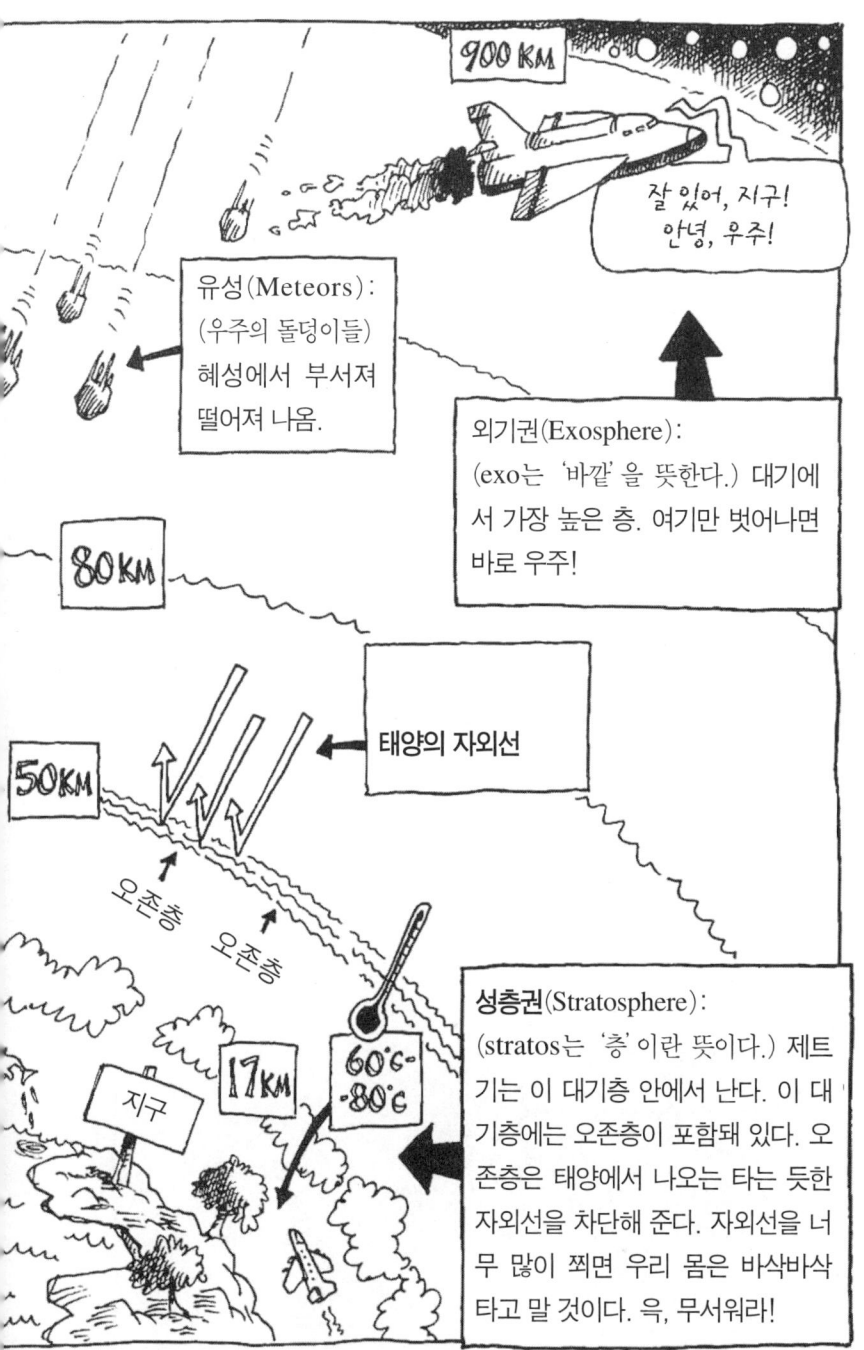

다시 지구로 내려와 볼까….

* 자외선(ultraviolet)은 영어로 '과도한 보라색'이란 뜻이다. 예쁜 광선일까? 천만에, 이 광선은 죽음의 광선이다!

** 오존은 눈에 보이지 않는 기체이다. 이전에 한번쯤은 들어봤지?

공기의 압력

지구 위에 그렇게 거대하고 광활한 공기의 층이 있다면 지구는 얼마나 무거울까? 그 누르는 압력이 이만저만이 아닐 텐데. 아, 불쌍한 지구! 하지만 그렇지 않다. 혹시 어젯밤 지리 숙제를 하지 않았다면 지리 시간에 심장이 콩닥콩닥 뛰고 마음이 아주 무거울 것이다. 그 압박감은 대단하겠지만 공기가 내리누르는 압력은 그것과는 다르다. 지구 1평방미터를 내리누르는 대기의 무게는 커다란 코끼리 두 마리의 무게와 거의 같다. 그럴 수가! 그 공기가 또한 여러분의 신체를 내리누르고 있는 거다. 하지만 다행히도 우리는 납작하게 눌리지 않는다. 왜 그럴까? 그건 우리가 들이마시고 내쉬는 숨이 균형을 잘 맞추어 주기 때문이다.

독일의 물리학자 '오토 폰 게리케' (1602~1686)는 처음으로 공기의 압력이 얼마나 강한지 밝혀 냈다.

그는 아주 영리한 사람이었다. 대학의 학위도 한 개로는 충분하지 않았다. 법학, 수학, 기계학에서 각각 학위를 받았다. 직업도 두 가지였다. 낮에는 엔지니어로, 밤에는 천문학자로 일했다. 만약 그걸로도 만족하지 않았다면 그는 독일의 '마그데부르크'라는 도시의 시장이 됐을지도 모른다. 하지만 공부벌레 오토는 머리를 싸매고 연구한 끝에 기압 실험을 위한 장치를 만들었다. 그 실험은 도시 이름 '마그데부르크'를 따서 '마그데부르크 실험'이라고 불린다. 여러분도 이 실험을 따라서 해 보고 싶을지 모르겠다. 하지만 집에서 하기에는 적당하지 않으니 그냥 생각만 하기 바란다.

준비물:
- 구리 컵 2개 (폭 20cm 가량)
- 말 16 필

실험:
1. 컵 두 개의 입구를 서로 맞댄다.
2. 맞대어진 컵 안은 진공 상태*가 되도록 공기를 빼낸다.(컵 한 쪽에 구멍을 내서 특수 펌프를 사용하여 공기를 빼내고 테이프로 구멍을 막는다.)
3. 말을 8마리씩 두 팀으로 나눈다.
4. 밧줄로 컵 손잡이 양쪽을 단단히 매고, 여덟 마리씩 나눠 놓은 말들 목에도 단단히 맨다.
5. 말을 잘 정렬시킨 뒤 소리친다. "당겨!"

(*진공 상태란 공기가 전혀 없는 빈 공간을 뜻한다. 먼지 빨아들이는 진공 청소기로 생각하지 말 것! 우주는 진공 상태이다.)

실제로 어떤 일이 일어났을까?
a) 밧줄이 풀려 컵도 떨어지고 말들도 넘어졌다.
b) 맞대어진 채로 컵은 전혀 떨어지지 않았다.
c) 밧줄이 뚝 끊어져 실험을 처음부터 다시 시작해야 했다.

답: b) 거니르누 로씨 을픔누 향상엄 이름탈 때 안주닫 을군 아에 분 구리그 .다했 부비 젼 게하당상 이름알 는기리머 서에앞국 으들말 나러그 .다늬테그말 고들삼 을젼 어들망압 게하당상 가기공 은둔 으런ㄷ이 .다이뭄때 기운 .시

압력의 발견

1. 기상학자들은 기압을 측정할 때 기압계를 사용한다. 기압

계에는 두 가지 종류가 있다. 수은 기압계와 아네로이드 기압계. 수은 기압계에는 액체 수은이 들어 있다. 아네로이드 기압계에는 바늘과 다이얼이 있다. 아네로이드 기압계는 비행기에서 자주 사용된다. 이륙할 때 액체가 흔들릴 걱정이 없기 때문이다.

2. 수은 기압계를 발명한 사람은 이탈리아의 과학자 '에반젤리스타 토리첼리'(1608-1647)이다. 플로렌스 대학교의 수학과 교수였던 토리첼리는 우연히 다음과 같은 생각을 했던 것이다.

a) 첫째, 긴 유리관에 수은을 채웠다.(이전에 바닷물이나 꿀로도 실험을 해 보았지만 놀랍게도 수은이 가장 잘 작용했다.)

b) 수은*을 꽉 채운 유리관을 거꾸로 해서 접시에 꽂는데 이 때 접시에는 더 많은 수은을 담아 놓았다.

(*경고- 아주 위험한 화학 약품이다! 집에서 아이들끼리 실험하면 절대 안 된다. 수은은 독성이 아주 강한 화학 제품이라 몸에 많은 양이 축적되면 신경, 피부, 혈액, 위, 간, 신장을 심하게 손상시킬 수도 있

다. 충치를 치료하고 구멍난 치아를 때우는 회색 물질 속에도 수은이 소량 들어 있다. 그러니 치료할 때 치과 의사를 화나게 하지 말 것!)

c) 매일 유리관을 보면서 수은이 오르내리는 선을 관찰했다. 이렇게 몇 주일 동안 계속 관찰했다.
d) 그리고 그 날도 어김없이 수은을 관찰하던 그에게 순간 이런 생각이 떠올랐다. 수은이 오르내리는 것은 바로 기압의 차이 때문일 거야!

기압이 높으면 기압이 접시에 있는 수은을 눌러서 유리관에 있는 수은이 올라간다. 반대로 기압이 낮으면 유리관에 있는 수은이 내려간다.

과연! 그는 어떻게 그런 생각을 했을까!

그렇게 대단한 발견을 한 토리첼리는 사람들에게 떠들고 자랑했을까? 그렇지 않다. 소심한 토리첼리는 아무한테도 말하지 않고 혼자만 알고 있었다. 오히려 그 뒤로 기상학보다 수학에 더 관심을 가졌다. 그리고 그 발견에 대해서는 이렇게 휘갈겨 써 놓았다.

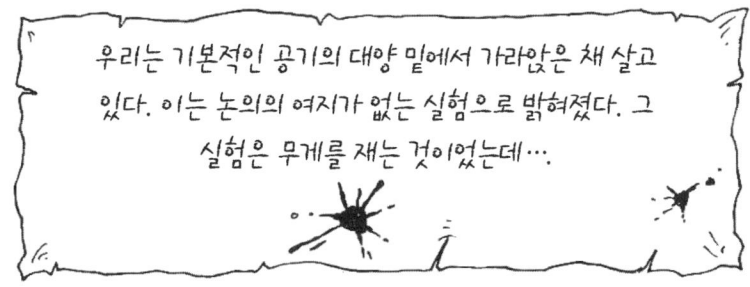

이 내용은 쉽게 얘기하면 이런 뜻이다. "우리는 대기의 압력을 받고 산다. 다시 말하면, 대기는 위에서 우리를 무겁게 내리누른다. 그 대기의 압력은 매우 무겁다."

그는 그런 대단한 기록을 서랍 속에 던져 넣고 그것에 대해 까맣게 잊고 말았다.

3. 그리고 다른 사람이 토리첼리의 행운의 바턴을 이어 받는다. 기압계의 원리를 처음 발견한 사람은 토리첼리이지만, 영특한 프랑스의 과학자 블레즈 파스칼(1623~1662)이 토리첼리의 기압계를 개량하고자 애썼다. 그는 화산에(다행히 사화산*이었음!) 올라가 실험을 확인하기로 했다. 개량한 기압계가 잘 맞는지 알아보기 위한 실험이었다. 높이 오르면 오를수록 기압이 떨어질 것이다. 올라갈수록 우리를 누르는 공기가 적어지니까.

*사화산: 화산 활동이 완전히 끝나 화산 활동이 다시 일어날 가능성이 없는 화산.

물론 게으른 블레즈는 산을 오르지 않고 밑에 남았다. 그는 산에 오르지 않고도 숨이 찼을 것이다. 실험이 잘 될 것인지 조마조마했을 테니까. 수도사 몇 사람을 실험의 증명인으로 정해 놓았다. 실험이 공정하게 이루어졌음을 확인할 사람이었다. 그리고 역시 실험의 결과는 그의 예상대로였다. 높이 올라갈수록 기압은 약해졌다.

4. 훗날, 가난한 파스칼은 과로로 쓰러진다. 의사의 진단에 따라 그는 휴식을 취하기로 했다. 그런데 휴식 중에 파스칼은 무엇을 했을까? 기압에 대한 글을 썼다. 실험을 끝낸 사실에 대해 글을 쓴다는 것이 그는 신나고 기분이 좋았다. 그런 그에게 누가 쉬라고 할 수 있겠는가? 다음에 여러분도 좀 아플 때 숙제를 막 하고 싶은지 확인해 보라.

5. 그런 파스칼을 기리는 뜻에서, 압력을 재는 단위는 '파스칼'로 정해졌다. 실제 사용되는 단위는 헥토파스칼이다.(1헥토파스칼 = 100파스칼.) 보통 기압은 1013.2헥토파스칼이다.

6. 하지만 날씨를 예보하는 기압계의 원리를 처음 생각한 사람은 '오토 폰 게리케'이다. 그는 기압이 아주 크게 떨어지면 폭풍이 올 거라고 예상했다.

7. 날씨를 예측하려면 기압계가 있어야 하고, 기압계를 만들려면 수은이 있어야 하나? 아니다. 더 간단한 기압계도 있다. 개구리를 이용한 기압 측정법이다. 개구리를 한 마리 단지에 넣고 천으로 입구를 막는다. 단지 안에는 연못물을 같이 담아 두는 것이 좋다. 입구를 막는 이유는 물론 개구리가 튀어나오지 못하도록 하기 위함이다.(입구를 막을 천은 구멍이 나 있어야 한다. 개구리가 숨을 쉬어야 할 테니까.)

그런 후에… 단지 안에 귀를 기울이는 거다.

개구리 기압계는 어떻게 측정할까?
- 개구리가 개골개골 시끄럽게 울어대면 기압이 떨어진다는 신호다. 앞으로 비가 오고 바람이 세게 불 것이다.(저기압은 불안한 기후를 불러온다.)
- 개구리가 조금만 울면 기압이 오른다는 거다. 한동안 날씨가 좋다고 기대할 수 있다.(고기압은 좋은 날씨를 알리는 신호이므로.)
- 개구리가 전혀 울지 않는다면 새로운 개구리를 구해라. (울지 않는 개구리는 다시 연못으로 보내는 것도 잊지 말 것!)

요건 몰랐지

만약 산에 올라가서 점심으로 환상적인 음식을 해 먹을 생각이라면 평소에 하던 것보다 좀더 오래 익혀야만 한다. 왜냐고? 기압의 변화 때문에 물 끓는 온도가 변하기 때문이다. 높이 올라갈수록 기압도 낮아지고 끓는점도 낮아진다. 그래서 물이 더 빨리 끓게 된다. 하지만 물이 빨리 끓는다고 음식이 빨리 익는 것은 아니다. 음식이 충분히 익으려면 그만큼 더 오래 끓여야 한다.

기단(공기의 덩어리)

거대한 대기 중에 있는 공기들은 고정돼 있지 않다. 항상 움직이고 충돌한다. 떠밀고 떠밀린다. 이런 공기의 움직임은 기압과 온도의 변화로 인해 생기는데, 이렇게 공기가 움직이는 길에 따라 하루의 날씨가 달라지는 것이다.

기단은 육지와 바다 위에 형성된 거대한 공기 덩어리이다. 이런 공기의 거대한 덩어리는 따뜻해지기도 하고 차가워지기도 한다. 물론 건조해지기도 하고 습해지기도 한다. 이는 공기가 어디서 왔느냐에 따라 결정된다. 뜨거운 사막에서 온 공기들이라면 기단은 뜨겁고 건조할 것이다. 또 차가운 바다 위에서 형성된 공기라면 보나마나 차갑고 습할 것이다. 그러나 공기는 눈에 보이지 않는다. 늘 우리 주변에 있지만 볼 수는 없다. 지구

주위를 천천히 떠다니는 기단은 바람에 의해 꽉 눌리기도 하고, 태양열이 널리 퍼지게 도와 주기도 한다. 어떤 기단은 굉장히 거대하다. 그 크기가 이집트만하다고 측정된다니… 우와!

전선과 전선이 만났을 때

기단이란 마치 놀이 공원에 있는 미니 전기 자동차 충돌 놀이와 비슷하다. 전기 자동차를 타고 놀 때 어떤가? 기분 좋게 돌면서 노는 것도 아주 잠깐, 바로 옆에 있는 자동차와 충돌하게 된다. 기단도 마찬가지다. 평화롭게 노닐던 기단도 금방 다른 기단과 부딪치게 된다. 음, 전기 자동차 놀이를 할 때 다른 자동차와 부딪히면 어떻게 했더라? 아, 다른 자동차가 먼저 지나가게 양보해 줬지!

부딪쳐 싸우는 기단 두 개가 만나는 지점을 '전선'이라 한다. 전선의 날씨는 불안정하다. 그럴 수밖에! 전선에는 세 가지 형태가 있다. 한랭전선, 온난전선, 그리고 폐색전선. 선생님께 전선의 이름을 말씀드리면 선생님은 아주 놀라실 거다. "이 녀석이 저런 어려운 것들을 어떻게 알았지?" 하시면서 말이다. 폐색전선은 한랭전선이 온난전선을 덮쳐올 때 형성된다. 폭풍의 원인이 되는 것은 이 교묘한 한랭전선이다. 그러면 한랭전선은 어떻게 태어날까.

1. 찬 기단이 따뜻한 기단을 만난다.

2. 찬 공기는 따뜻한 공기 밑으로 들어가 따뜻한 공기를 위로 세게 밀어 올린다.

3. 따뜻한 공기는 빠르고 날카롭게 일어난다. 이때 먹구름과 비를 만든다.

4. 한랭전선을 따라 이동하는 공기는 험악한 폭풍을 일으킨다. 이 폭풍은 800km까지 퍼질 수 있다.

고기압과 저기압

지리 선생님의 메모

기압은 나라마다 다 다르다. 왜 그럴까? 어떤 곳은 다른 곳보다 태양열을 더 많이 받기 때문이다. 찬 공기는 무겁다. 무거운 찬 공기는 가라앉고 고기압이 된다. 따뜻한 공기는 가벼워서 위로 올라가고 저기압의 원인이 된다. 알겠니? 대기도 높고 낮음이 있는 거란다. 가장 높은 기압은 나선형의 중간 지역이다. 고기압은 대개 안정된 날씨를 불러온다. 태양이 쨍쨍 비추고 건조한 날씨. 하늘은 맑고 푸르고. 신난다!

반면, 저기압이 형성되면 우산을 챙겨들고 나가야한다. 저기압 역시, 나선형의 중간 지점이 가장 낮다. 저기압은 대개 구름과 습한 날씨를 불러온다. 먹구름이 잔뜩 낀 하늘은 금방이라도 비가 오고 폭풍이 몰려올 기세다.(사이클론은 허리케인을 가리키는 말로도 쓰이지만, 저기압을 뜻하는 말이기도 하다.) 저기압이 가까이 있는지 알아 볼 수 있는 간단한 실험을 소개한다.

준비 됐나?

1. 밖에 나가서 바람을 등지고 선다.
2. 음, 여러분은 어디 사나요? 북반구에? 그렇다면 가장 가까운 저기압은 왼쪽에 있다. 북쪽에서는 저기압 주변에 부는 바람이 시계 반대 방향으로 불기 때문이다.

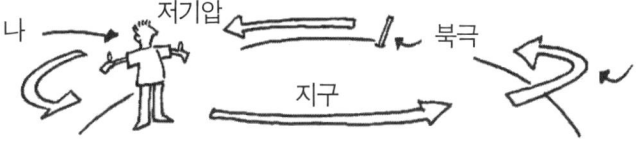

3. 하지만 남반구에 산다면 이와 반대이다. 가장 가까운 저기압은 오른쪽에 있다. 남쪽에서는 바람이 시계 방향으로 불기 때문이다.

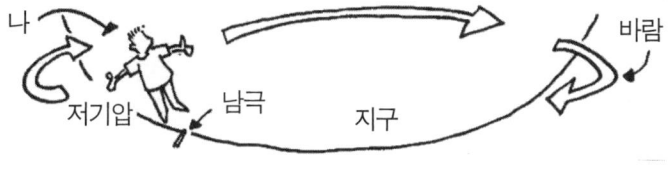

저기압과 고기압에 대한 얘기가 너무 어려워 머리가 아파도 걱정하지 말 것. 거대한 대기는 이해하고 따라가기에는 원래 크고 어려운 것이니까. 또한 몹시 불안정하다. 단 1분도 가만히 멈춰 있지 않는다. 이렇게 항상 움직이고 있는 불안정한 대기가 폭풍의 원인이 되는 것이다. 하지만 고기압과 저기압에 대한 이야기는 시작에 불과하다. 아주 거친 대기의 여행에 탑승할 준비를 하시라…

폭우와 폭풍

아주 뜨거운 여름 날, 정원에서 어슬렁거린다고 생각해 보자. 태양은 반짝이고 하늘은 더할 수 없이 새파랗고 게다가 엄마가 시원한 음료수를 갖다 주신다면. 아이고 좋아라! 하지만 사태는 금방 나쁘게 바뀔 수 있다. 기분 나쁜 폭풍이 언제 불어올지 모르니까. 자연에서 폭풍보다 더 야만적인 것은 없다. 폭풍 뒤에는 사악한 검은 구름이 떼로 몰려 있다. 대단한 폭우가 쏟아지려는 준비이다. 그리고 또 하나, 바람! 바람의 위력은 생각보다 엄청나다.

바람에 대해 궁금한 것들…

우리의 지리 선생님 모나는 새로운 것에 도전하셔야 한다. 히히. 우리가 선생님께 숙제를 내드렸다.

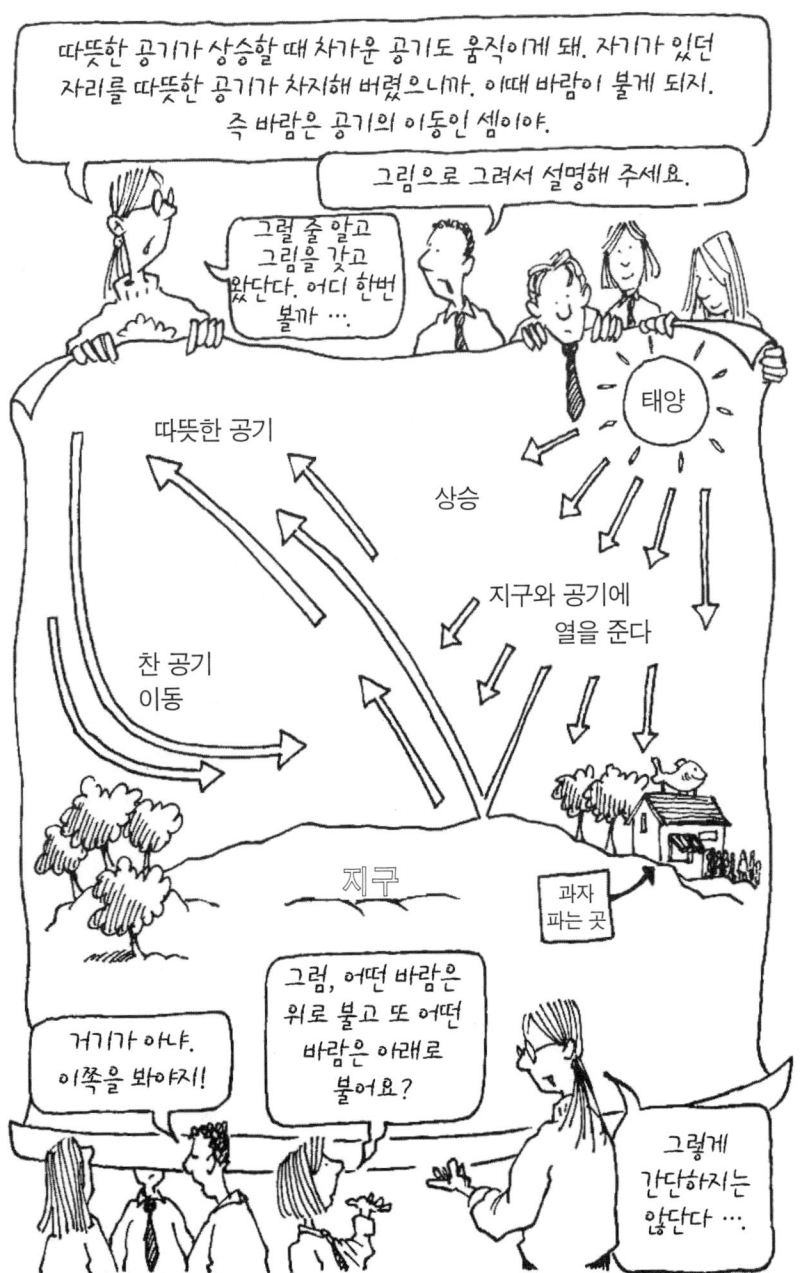

"바람은 한쪽에서 한쪽으로 똑바르게 불지 않거든." 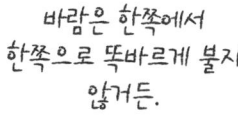 "그럼 어떤데요?"

"지구는 축을 중심으로 뱅글뱅글 돌고 있지."

"축이 뭔데요?"

"지축이란 지구의 남극과 북극을 잇는 상상의 선이야. 지구는 지금 우리가 이렇게 말하는 중에도 쉼 없이 돌고 있단다. 이 회전으로 인해 바람은 삐딱하게 옆쪽으로 불게 돼. 그래서 북반구에서는 바람이 오른쪽으로, 남반구에서는 왼쪽으로 그 방향이 틀어지는 것이지."

"바람의 반항이라고 할 수 있겠네요?"

"그럴 수 있지. 바람의 구부러짐을 설명해 주는 그림을 한번 볼까."

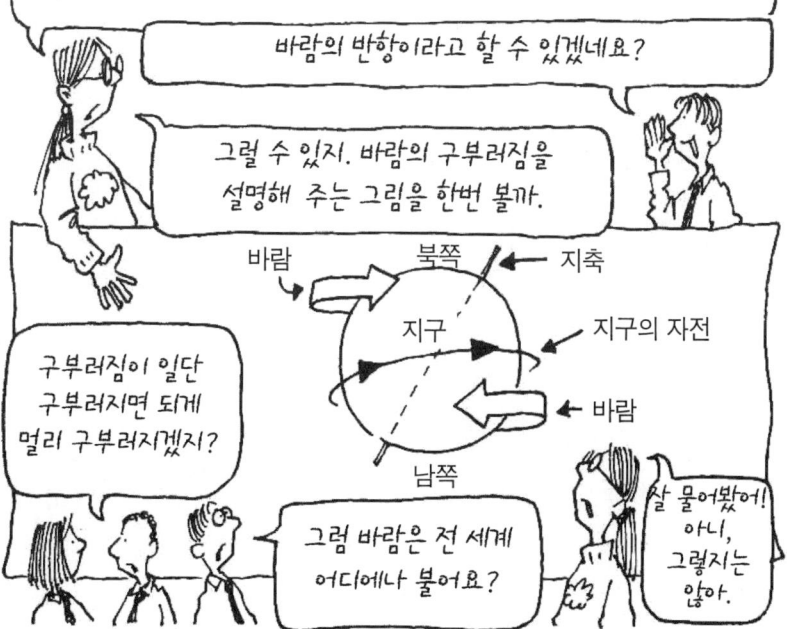

"구부러짐이 일단 구부러지면 되게 멀리 구부러지겠지?"

"그럼 바람은 전 세계 어디에나 불어요?"

"잘 물어봤어! 아니, 그렇지는 않아."

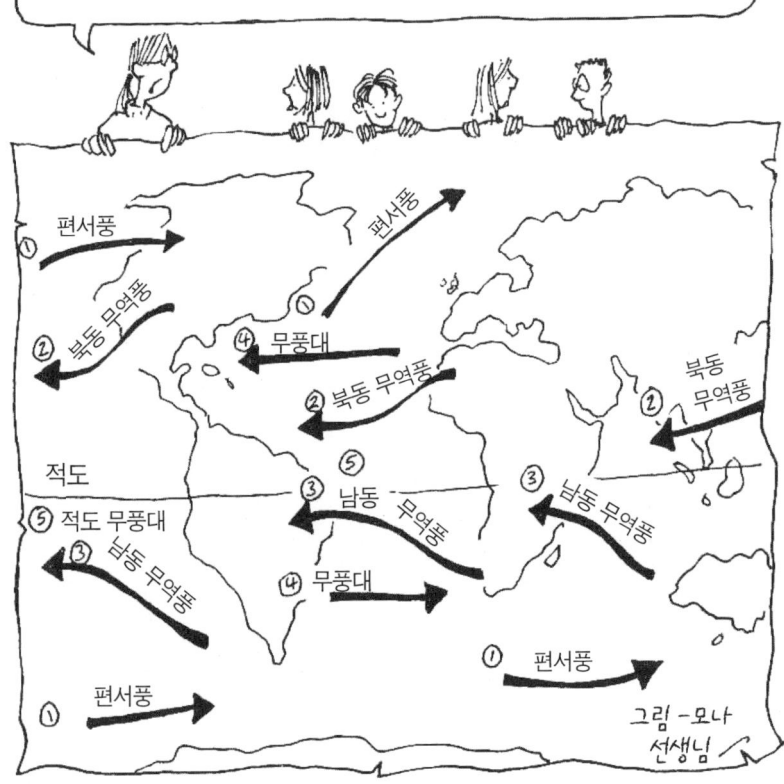

1. 편서풍—서쪽에서 부는 바람. 바람의 이름은 불어오는 방향에서 따온다. 그러면 서쪽에서 부는 바람은 편서풍, 동쪽에서 부는 바람은 편동풍이 되겠군.

2. 북동 무역풍—북동쪽에서 적도를 향해 부는 안정된 바람이다. '무역'이라는 이름은 옛날 무역선들이 이 바람이 불어올 때 항해를 시작한 데에서 붙여졌다. 뒤에서 밀어 주는 바람을 이용하면 배가 쉽게 나아갈 수 있다는 걸 알았던 것.

3. 남동 무역풍―북동 무역풍과 같다. 다만 불어오는 방향이 남동쪽인 것.

4. 무풍대*―바람이 아주 약하게 부는 지역. 옛날에는 항해하는 배들이 물살과 바람에 영향을 크게 받았다. 이 무풍대에 갇히는 것은 큰 재앙이었다. 배가 바다 한가운데에서 꼼짝 않고 있으니 말이다. 선원들은 바람이 불기를 기다리다가 빠져 나갈 방법을 찾는다. 슬프지만 데리고 왔던 말을 바다로 집어던지기도 했다. 혹시 산들바람이라도 불어올 때 배가 가벼워야 움직일 수 있을 테니까.

* 대서양의 북위, 남위 각 30도 부근.

5. 적도 무풍대―적도 부근의 죽은 듯이 고요한 지역. 이곳은 바람이 한 점도 없다. 항해하는 사람들이 이곳에 붙잡히면 꼼짝

달싹 못하게 된다. 그래서 이런 말이 나온 것도 당연하다. "무풍지대에 빠졌어!"

적도—사실은 존재하지 않는다! 지구 둘레에 있다고 생각하는 상상의 선일 뿐이다. 단지 북쪽과 남쪽을 구분해 주기 위해서.

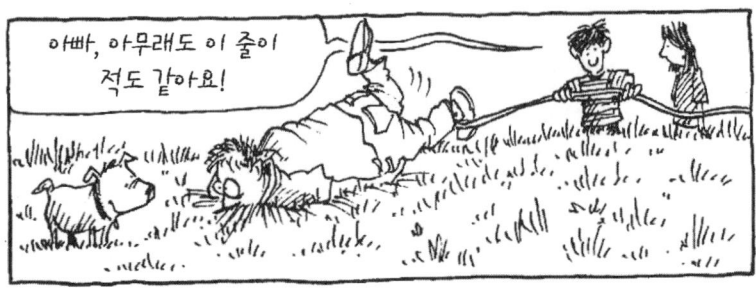

요건 몰랐지

앞서 말한 '바람의 구부러짐'은 그 이름이 따로 있다. 이름하야 '코리올리 힘'. 프랑스의 과학자, '구스타브 가스파르 코리올리'의 이름을 딴 것이다. 코리올리는 눈에 보이지 않는 어떤 힘이 물질을 날게 하는데, 이때 물질은 직선이 아니라 구부러진 길로 날아간다는 것을 처음 알아 냈다. 그는 또한 그 힘으로 인해 허리케인과 토네이도가 생길 수 있음을 알아 냈다. 그리고 자신의 이론을 사람들에게 발표했다.

처음 대하는 이론이므로 사람들은 모두 어리둥절했다. 그러나 아무도 이전에는 생각하지 못했던 문제를 그는 명석하게 지적한 것이다. 그런데 그는 당구에 관한 책도 썼다. 그건 별로 명석하지 않은 것 같군, 그렇지?

바람아 바람아

1. 고대 그리스 사람들은 바람을 신들이 내뿜는 숨이라고 생각했다. 바람의 신은 여덟 가지나 됐다. 그리고 그들에게는 각기 숨을 내뿜는 독특한 방향이 있었다.

그리스인들은 특이한 생각을 많이 한 것 같다. 나무가 잎을 흔들 때 바람이 생긴다고 생각했다나. 이상하군. 반대 아닌가?

2. 제트 기류는 2차 세계대전 당시 발견됐다. 조종사들은 어떤 바람에 맞서 비행기가 날아갈 때 속력이 느려지다가 거의 멈춘다는 것을 알아 냈다. 이 바람이 바로 제트 기류이다. 제트 기류는 굉장히 빠른 서풍으로 대기의 아주 높은 곳에서 분다. 속력은 시속 500km에 이르고, 거의 4,000km까지 그 기류가 계속 된다.

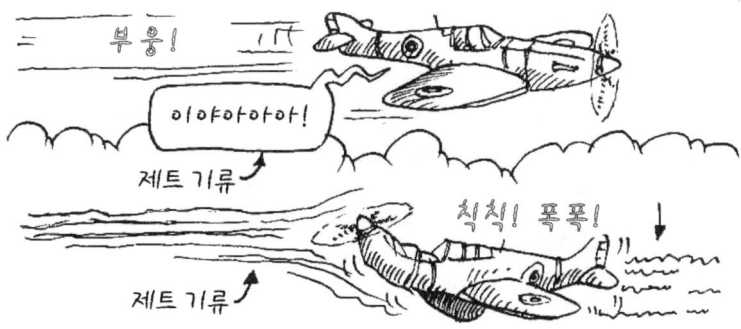

제트 기류는 아주 천천히 낮은 곳에까지 이어지기도 하는데, 그 뒤에는 험악한 폭풍이 따른다. 이 기류를 느낄 수 있는 곳은 그리 많지 않다. 에베레스트 산 정상이나 다른 높은 산에서 가능하다. 지리 탐사 여행으로 그런 곳을 한번 가 보면 어떨까?

3. 빠른 공기의 이동인 '제트 기류'를 타면 비행기의 속도는 아주 빨라진다. 강한 바람이 뒤에서 불면 비행기를 밀어 주는 효과가 생기기 때문이다. 그러나 그 비행기가 같은 지역으로 돌아올 때는 갈 때보다 한 시간 정도나 더 걸린다. 제트 기류와 맞서서 날기 때문이다.

4. 전 세계에서 가장 바람이 많이 부는 지역은 남극 대륙에

있는 '커먼웰스 만'이다. 이곳에서 발생한 폭풍의 속력은 무려 시속 320km이다. 경주용 차가 질주하는 속력과 같다. 폭풍이 가장 빠르게 불었던 때의 속력은 시속 약 371km였다고 한다. 이는 미국 워싱턴 산에서 일어난 폭풍이었다.

5. 그래도 지구에서 태어난 것을 천만다행으로 생각해야 한다. 해왕성 같은 별에서 부는 폭풍의 속력은 놀라 자빠질 정도니까. 자그마치 시속 2,000km! 그 바람을 맞으면 모두 가루가 되겠군!

*푄 : 산을 넘어 불어 내리는 돌풍적인 건조한 바람.

세계의 어느 지역에 사느냐에 따라 사람들은 그 지역 특유의 바람과 친숙해지게 된다. 독일에 흔히 부는 지역풍은 '푄'이라고 한다. 늦겨울에 산을 넘어 불어오는 이 바람은 따뜻하고 건조하다. 그런데 푄은 독일 사람들에게 그리 달갑지 않은 바람이다. 이 바람이 불기만 하면 사람들은 두통과 우울증에 시달린다. 쉽게 피로하고, 심하면 구토 증세도 나타난다. 또한 평소보다 잘 참지 못하고 쉽게 짜증을 낸다.(지리 선생님의 증세와 똑같은걸!) 게다가 심하면 미치는 사람들도 있다고 한다. 그래서 그곳 사람들은 푄이 부는 시기에는 목걸이나 팔찌, 심지어 구두창이라도 새로운 것으로 바꿔 기분을 전환하려 한다. 정말 지독한 바람인가 보네.

뜨겁고 끈적끈적해

대기 중에는 공기 말고 또 다른 것이 숨어 있다. 눈에 보이지는 않지만 늘 우리 주변에 있는 그것의 이름은… 수증기. 수증기는 눈에 보이지 않는 가스 형태의 물이다. 수증기는 날씨 변화에 없어서는 안 될 중요 요소다. 수증기가 없으면 구름도 없고 비도 눈도 없을 것이다. 아, 그렇다고 상상해 보라. 그러면 지리 선생님은 뭐에 대해 얘기하실까? 도무지 할 얘기가 없으시겠지.

그리고 공기 중에 있는 수증기의 양을 습도라고 한다. 습도는 곳에 따라 변한다. 따뜻한 공기는 찬 공기보다 수분을 더 많이 함유하고 있다. 그래서 여름의 날씨는 뜨겁고 끈적거리며, 공기 중에 습기가 많아 땀을 뻘뻘 흘리게 되는 것이다.(날씨가 뜨겁고 건조해도 땀을 많이 흘릴 수 있다. 그러나 습기가 많은 날씨에 흘리는 땀은 잘 마르지도 않는다.)

땀을 흘리지 않고도 그 기분 나쁜 습도를 측정하는 방법이 있다. 습도계를 사용하면 된다.(습도계란 공기가 어느 정도 축축한지 측정하는 기계이다.) 습도계는 1783년, 스위스의 천재 '호레이스 베네딕트 드 소쉬르'가 처음 만들었다. 어느 날 그는 산을 오르다가 퍼뜩 이런 생각을 했다. 습도를 측정하는 데에 머리카락을 이용하면 되겠구나!

과연 머리카락으로 어떻게 습도를 측정한

것일까? 머리카락을 꽂아 놓은 습도계를 맑고 습기 있는 날, 밖에 두었다면 그 머리카락은 어떻게 변했을까?

a) 머리카락의 크기가 줄어든다.
b) 더 길어진다.
c) 아무 변화 없이 똑같다.

답: b) 머리카락은 공기로부터 수분을 흡수하면 팽창하거나 늘어난다. 머리카락이 늘어나면 습도가 높다고 볼 수 있다. 반대로 공기가 건조하고 습도가 낮으면? 당연히 줄어들겠지, 뭐.

고습도

저습도

대머리

먹구름들 모여!

그러면 수증기는 비를 내리고 폭풍을 일으키는 날씨와 어떤 관계일까? 간단히 대답하면 구름의 문제라고 할 수 있다. 구름은 수증기가 모여 생기는 것이다. 하얗고 솜털 같은 구름도 있지만 보기만 해도 무서운 먹구름도 있다. 하늘을 뒤덮는 검은 먹구름이 비와 폭풍을 불러온다.

그럼 먼저, 구름이 어떻게 생기는지 알아보자.

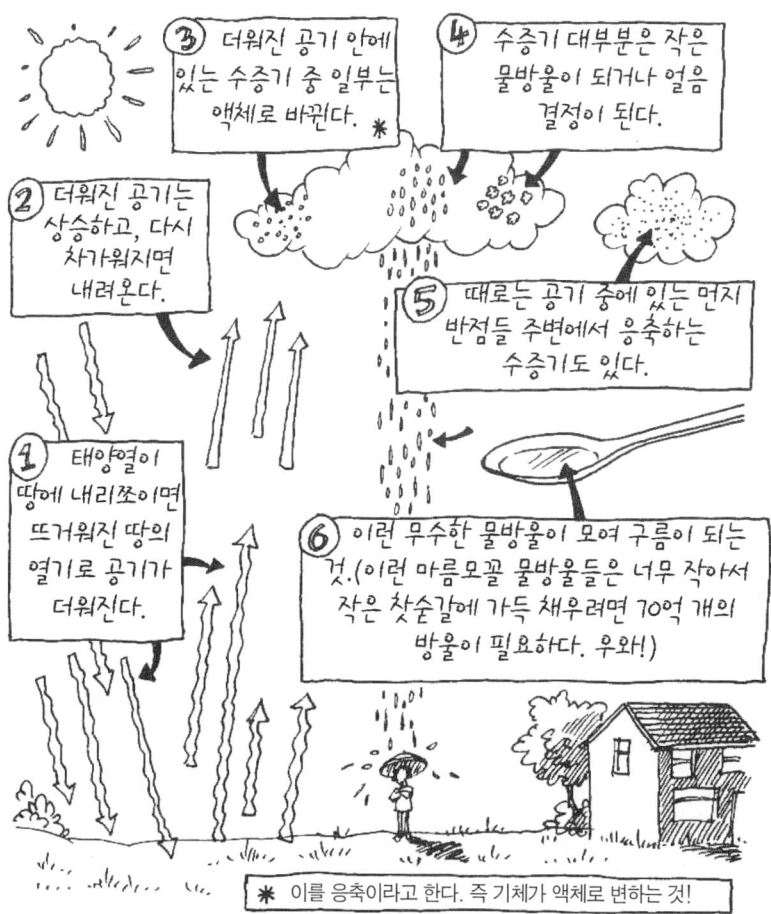

스스로 하는 일기 예보

 일기 예보는 기상학자인 모나 선생님이 하루 종일 하시는 일이지만 여러분도 할 수 있다. 우선 구름과 허물없는 다정한 친구가 되어야 한다. 선생님이 말씀해 주시는 구름의 열 가지 형태는 잊어도 좋다. 전문적인 기상학자가 될 필요는 없으니까. 사실 일기 예보는 쉽고 재미있다. 기본적인 세 가지 주요 구름과 그것들로 인해 날씨가 어떻게 변하는지 알기만 하면 된다. 그럼 일기 예보를 위한 준비 운동에 들어가 볼까?

Ⓐ 하얗고 솜털 같은 구름이 머리 위에 뭉게뭉게 피어오른다. 생긴 게 꼭 양배추 같지? 틀림없이 적운이다. 작은 적운들이 하늘 높이 떠 있으면 해가 쨍쨍 날 것이다. 그런데 그 구름이 크면 소나기가 올 수도 있어.

← 적운(뭉게구름)

Ⓑ 층운(안개구름) ↑

길고 얇은 구름이 낮게 떠 있다면? 이 구름은 층운이라 하는데, 층운이 아주 낮게 떠 있으면 날씨는 좋지 않아. 안개가 끼거나 가랑비가 내릴 수도 있지.

Ⓒ 권운(새털구름) ↑

저런 가늘고 깃털 같이 생긴 구름도 때때로 하늘에 떠 있다. 이 구름은 권운이라고 하는데…

권운은 별로 좋은 구름이 아니야. 권운이 아주 낮게 뜨면, 앞으로 날씨가 좋지 않을 징조거든.

그럼, 창 밖을 내다보자. 하늘에 어떤 구름이 떠 있나? 만약 선생님이 수업 시간에 딴 짓 한다고 꾸중하시면 이렇게 말하라. "선생님, 저는 지금 렌즈 고적운을 보고 있는데요."*

> *이게 무슨 말인가 하면, 구름 속에 머리를 쏙 넣었다고 생각해 보는 거야. 음, 더 정확히 말하자면, 렌즈 같이 생긴 구름 속에 올라가서 구름을 보고 있는 것이지. 이 구름이 고적운인데 고적운은 때로 비행접시로 착각하기 쉬워. 흔히 볼 수 있는 구름은 아니지만, 나타나면 아주 위험하지. 특히 조종사들에게는. 강한 돌풍을 불러오는 구름이거든.

구름의 이름은 참 재미있고 환상적이다. 그런데 기억하기는 좀 힘들겠군. 구름에 이런 이름을 일일이 붙여 준 사람은 영국의 화학자이며 기상학자였던 '루크 하워드'이다.

구름에 이름 붙이기

1803년 구름 낀 어느 날, 루크 하워드는 작업장에 있었다. 종일 방문하는 사람도 한 사람뿐이고 새로운 일도 없이 한가로웠다. 그는 창 밖을 내다보다가 구름을 물끄러미 바라보았다. 그러다가 몽상에 빠졌고 하늘에 떠 있는 구름에 이름을 붙이기 시작했다. 그냥 평범한 이름은 맘에 들지 않아. 좀더 환상적인 이름을 붙여 볼까…? 그는 라틴어를 생각해 냈다.

적운(cumulus), 층운(stratus), 권운(cirrus).

뭔가 과학적으로 들리긴 하지만 대체 무슨 뜻이람? 감이라도 잡히나? 적운은 '덩어리로 쌓인'이란 뜻이고, 층운은 말 그대로 '층'이란 뜻, 권운이란 '꼬불거리는 머리'라는 뜻이다. 구름의 모양에 따라 붙여진 이름들이다. 다시 더 쉽게 얘기하면 적운은 뭉게구름, 층운은 안개구름, 권운은 새털구름이다. 하워드는 자신이 만든 이름들이 맘에 들었다. 구름을 보며 공상을 하니 시간도 빨리 흘러갔다. 그때까지 구름에 이름을 붙일 생각을 한 사람은 아무도 없었다.

그의 기발한 생각은 금세 사람들에게 알려졌고 그는 곧 주목을 받았다. 강의에 초대받아 구름에 붙인 이름들에 대해 강연했다. 과학 학술 학회에서도 강의를 했다. 첫 강연은 런던에서 있었던 과학 학회에서였다. 강의실로 뚜벅뚜벅 걸어 들어오는 이름 모를 아마추어 기상학자를 향해 청중은 박수를 짝짝 쳤다. 그는 깍듯이 인사를 하고 목소리를 가다듬었다. 그리고 새로운 이론을 설명하기 시작했다.

대체 무슨 말이람? 강연이 끝나고 청중은 다시 박수를 짝짝 쳤지만 그의 말을 이해하는 사람은 아무도 없었다. 좀 쉬운 말로 했으면 좋았을 텐데….

그러나 심심풀이로 시작한 '구름에 이름 붙이기'는 대단한 결과를 낳았다. 까다로운 과학 학술 협회에서는 그가 내놓은 구

름 분류 이론에 감탄했다. 독일의 어떤 시인은 그것에 관해 시를 쓰기도 했다. 그의 분류는 매우 훌륭한 이론임이 밝혀졌고 지금도 구름을 분류하는 데에 그가 만든 이름들이 쓰인다. 영국뿐 아니라 전 세계적으로 말이다. 구름은 날씨를 예보하는 데에 결정적인 역할을 한다. 가령 적란운이 하늘에 떠 있으면 곧 폭풍이 오려고 시동을 걸고 있다는 신호다.

탑처럼 높이 솟는 뇌운

적란운(cumulonimbus―짧게 cus라고도 한다.)은 단번에 알 수 있다. nimbus는 비를 뜻하는 라틴어이다. 이 거대한 구름이 사납게 머리를 쳐들면 곧 하늘에 검은 구름이 뒤덮인다. 에베레스트 산은 저리 가라고 할 정도로 높고 큰 구름! 그 모습은 두렵기도 하지만 한편으론 아름답기도 하다. 이 거대한 구름은 에베레스트 산보다 두 배나 높이 솟아오른다. 이놈들이 하늘에 들이닥치면 일은 이미 터진 거다. 이 괴물 같은 구름 공장에서 폭풍과 천둥과 토네이도가 만들어지는 것이다.

뇌운은…

 뇌운은 따뜻하고 습기가 많은 공기에서 자란다. 그래서 더운 여름날 오후에 뇌운이 자주 생기는 것이다. 수증기를 많이 함유한 공기가 매우 빠르게 상승하고 응축하면 구름은 소용돌이치며 위로 오르고 오른다….

* 뇌운이란 천둥과 함께 비를 내리게 하는 구름이다.

 하늘 높이 다 퍼진 뇌운은 50만 톤 분량의 물을 함유한다. 그래서 뇌운이 생기면 엄청난 폭우가 내리는 것이다. 그러면 뇌운이 생길 때 어떤 일이 일어날까. 작은 물방울과 눈송이, 얼음 결정들이 구름 속에서 빙빙 돌며 소용돌이치다가 서로 부딪친다. 서로 부딪치던 물방울과 얼음 결정들은 조금씩 커진다. 너무 무거워서 더 이상 공중에 있을 수 없을 때까지 커지다가 지면에 떨어지는 것이다.

 지면 근처에 있는 공기가 따뜻하면 떨어지는 눈과 얼음은 모두 폭우 속으로 녹아 없어진다. 하지만 공기가 차면 얼음과 눈은 녹지 않고 그대로 떨어질 것이다. 그렇게 되면 폭설이 쏟아져 학교를 하루 쉴지도 모른다. 와우, 신난다!

빗방울은 어떻게 생겼을까? 눈물처럼? 틀렸음! 빗방울은 아랫부분이 잘린 원 모양이다. 빗방울 한 개의 지름은 약 1.5mm라고 한다.

커봤자 요만해 ➡ ☼

이슬비는 보통 빗방울이 1.5mm보다 작지만 어떤 빗방울은 콩알만한 것도 있다. 우와, 엄청 크네!

이 정도 크기야 ➡ ◯

"비 올 때를 대비해서 아껴라."라는 말을 들어 봤나? 그게 무슨 뜻일까? 예로부터 사람들은 비가 오면 살기 어려운 때라고 생각했다. 그러니 어려운 때를 생각해서 돈을 아끼라는 뜻이다. 그런데 하와이에 있는 '와이 알레 알레' 산 근처에는 거의 매일 비가 온다고 한다. 1년에 335일 비가 온단다! 연간 강우량이 11m나 된다. 음, 그럼 그곳에 사는 사람들은 언제 돈을 아끼지?

요건 몰랐지

창문을 때리며 톡톡 떨어지는 비는 이전에 수백만 번 떨어졌던 그 빗물이다. 이게 무슨 말이냐고? 간단히 말하면 물 순환의 문제이다. 태양이 바다를 열로 데우면 수백만 톤이 넘는 물이 증발하여 수증기가 되어 공기 속에 흡수된다. 수증기가 공기 속으로 올라갈 때 수증기는 차가워지고 액체로 변한다. 이 액체가 비가 되어 강으로 떨어지면 이 강은 다시 바다로 흘러간다. 그리고 나서 처음부터 다시 시작해 반복하는 것이다. 그러니 오늘 떨어지는 빗물은 어쩌면 이미 오래 전 고대 로마 시대의 물을 흡수한 것일 수도 있고, 오래 전에 죽은 공룡이 맞은 빗물일 수도 있다!

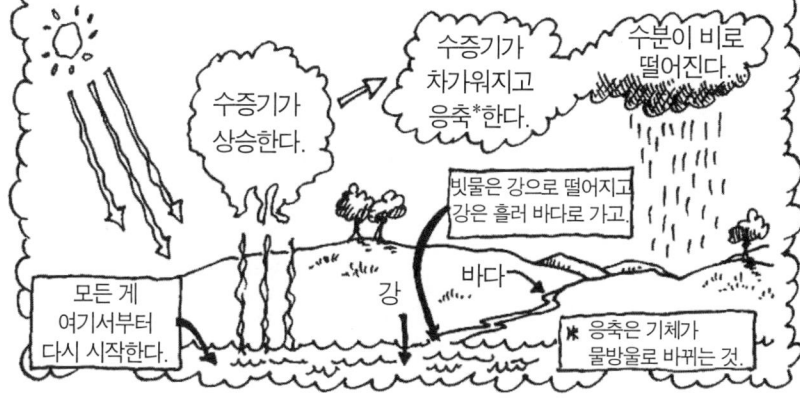

눈에 보이지 않는 수증기와 높이 솟아오르는 뇌운과 폭우에 이르기까지, 하늘에는 두렵고 놀라운 것들로 가득하다. 뇌우는 번쩍이며 창공을 가른다. 그리고 하늘이 부서질 듯 요동치는 천둥소리! 하늘은 번개의 뜨거운 열과 천둥의 타격을 견딜 수 있을까? 창공에서 일어나는 요란한 불꽃놀이를 구경해 보자. 자, 기대하시라….

우르르 쾅쾅!

지구에는 수천 개가 넘는 뇌우가 부글거리고 있다. 천둥과 번개가 언제라도 칠 준비를 하고 있다면? 어쩌면 우리 곁에도 한 놈이 있을지도 모른다! 하늘이 지글거리기 시작하다가 잠시 후 자줏빛 검은색으로 변한다. 그리고 뇌우가 솟아오르는 거다. 이제 하늘에서 불꽃이 번쩍이면 덜덜 떨릴 것이다. 그럴 땐 차라리 소리를 질러라.(무서울 수도 있지만, 하늘에서 터지는 불꽃을 보는 기쁨도 있지 않은가!) 천둥의 친구인 번개가 번쩍이며 불빛을 내면 빠르게 그 뒤를 쫓는 우르르 쾅쾅 소리. 귀가 다 멍멍할 정도이다. 쾅! 탕! 쾅쾅! 그리고 모든 게 끝이다…. 그런가? 잠시 후 밖을 한번 내다보라. 그 모든 과정이 다시 시작될 테니까. 번쩍! 쾅! 우르르 쾅쾅!

잠깐! 그런데 대체 뇌우라는 게 무엇일까? 자, 심호흡을 한 번 하고! 이제부터 그 무시무시한 뇌우에 대해 알아보자.

뇌우란…

1. 지구 표면에 떠다니던 축축한 공기는 태양과 별들이 내뿜는 열에 의해 더워진다. 더워진 공기는 위로 상승하는데, 이때에 뇌우가 생긴다. 이런 뇌우는 열대 지역의 어떤 곳에서는 거의 매일 일어난다. 따뜻한 공기가 상승하면 공기는 다시 차가워지고 응축하면서 거대한 적란운을 만든다.(58쪽을 보라.)

2. 또 다른 폭풍은 한랭전선을 따라 발생한다. 차가운 공기가 더운 공기를 위로 올릴 때 말이다. 이들 폭풍은 '스코올 선'이

라는 기류 안에서 자라난다. 때로 그 기류의 끝에 있는 폭풍은 점점 더 강해지는데 이런 폭풍을 '수퍼셀' 이라고 부른다. 이는 여러 뇌우 중에서 가장 크고 힘이 세다. 그리고 종종 친구를 한 놈 데리고 오는데, 그것이 바로 '토네이도' 이다.

3. 기상 예보를 하고 싶다고? 그럼 뇌우가 일어날 때까지 기다리는 거다. 그리고 사람들에게 말한다. "걱정하지 마. 뇌우는 30분 안에 끝날 거야." 그러면 아주 훌륭한 기상 통신원이 될 것이다. 대부분 뇌우는 그 힘이 빨리 소모되거든.

4. 뇌우는 에너지로 덮여 있는데 그 양이 어마어마하다. 20분간 미국 전 지역에 동력을 공급할 정도라니까! 만약 매일 전 세계적으로 격노한 45,000개의 뇌우가 친다면, 그 에너지는 끔찍한 양이 될 것이다. 여러분이 이 책을 읽고 있을 때에도 적어도 폭풍 2,000개가 부글부글 끓고 있다는 사실!

5. 올라간 것은 내려와야만 한다. 뇌운 속에서도 상승한 공기는 다시 내려와야 한다. 이때 하향 강풍이 일어나는데 이것이 '국지 돌풍'이다. 이 돌풍은 폭포 같은 폭우를 수반한다. 또한 국지 돌풍이 지면을 칠 때 밖으로 향하는 힘이 발생하여 돌풍의 속력이 시속 60km까지 이르게 된다. 이는 특히 비행기에 치명적이다. 1983년 국지 돌풍의 공격을 받은 비행기가 하늘에서 흔적도 없이 사라져 버렸다. 하지만 언제 어디서 또 이 폭발이 일어날지 그 경로를 예측하기는 쉽지 않다.

6. 뇌운이 더운 공기를 흡수하면 바람의 거대한 흐름이 그 안에서 마구 소용돌이치면서 위로 향한다. 그 기류는 구름을 통과해 아주 빠르게 오르는데, 그 힘이 비행기의 날개를 떼어 버릴 수 있을 정도다. 1959년 7월, 미국의 '콜 윌리암 랜킨' 중위에게 그 무시무시한 돌풍이 나타났다. 그는 미국의 캐롤라인 해안 위를 비행하고 있었다. 그런데 전투기 엔진이 갑자기 정지하는 게 아닌가! 비행기는 말을 듣지 않았다. 랜킨 중위는 낙하산을 펴고 비행기를 탈출했지만 뇌운 속으로 뛰어들어간 셈이다. 놀랍게도 그는 살아서 이런 얘기를 해 주었다.

처음에는 무슨 일이 일어났는지 몰랐다. 너무나 순식간이어서 생각할 겨를도 없었으니까. 그저 퍼뜩 든 생각은 어서 낙하산을 펴야 한다는 것이었다. 그것도 말이 쉽지, 막상 낙하산이 펴졌을 때, 나는 이미 멍이 들대로 들어 있었다. 그리고 나는 구름의 대양 속에 떠 있었는데, 마구 들끓는 구름은 검고 회색이며 하얗기도 했다. 구름 속에서 불던 바람은 정말 굉장했다. 사방에서 때리는 바람의 타격! 위, 아래, 옆, 어디에서든 말이다. 그리고 어둠… 아무 것도 보이지 않았다. 사실 그때는 아무 것도 보고 싶지 않았다. 나는 눈을 꽉 감고 있었다. 마치 야생 동물들이 사는 우리에 갇혀 있는 것 같았다. 동물들은 나를 잡아먹을 듯 으르렁대고, 누군가 거대한 막대기로 마구 때리면서 죽음으로 몰아가는… 그런데 가장 끔찍한 것은 그 비였다. 허공에서 익사하는 건 아닌가 할 정도로 폭우가 쏟아졌다.

기적적으로 내 낙하산은 피해를 입지 않았고 나는 결국 구름의 밑을 통과해 아래로 떨어졌다. 낙하산은 마침 나뭇가지에 걸렸고 나는 평지에 부드럽게 착지할 수 있었다. 지면에 떨어지는 데 걸리는 시간은 11분이면 될 텐데, 나는 지옥에서 40분이나 있었다. 나는 겨우 일어나서 길 한쪽으로 비틀거리며 갔고 간신히 차를 잡아타고 병원으로 갔다. 의사들은 나 같은 생존자를 본 적이 없다고 말했다. 심하게 다치고 또 동상에 걸렸지만 나는 괜찮았다. 내가 생각해도 나는 정말 행운의 탈출자이다….

콜 윌리암 랜킨 중위

폭풍 신호

그렇다고 너무 겁먹을 필요는 없다. 콜 랜킨 중위에게 일어났던 일은 아주 드문 일이다. 폭풍이 오기 전에 미리 피하면 위험한 일을 막을 수 있다. 그런데 폭풍이 다가오는 것을 어떻게 알 수 있을까? 흔히 사람들은 폭풍이 불어올 것을 미리 알리는 신호가 있다고 생각했다. 그러나 어떤 것은 맞지만 또 어떤 것은 전혀 근거가 없다.

다음에서 폭풍이 다가오고 있는 신호라고 할 수 있는 것은?

a) 머리가 쪼개질 듯 아프다.

b) 머리카락이 위로 선다.

c) 구름이 초록색으로 변한다.

d) 우유가 신맛으로 변한다.

답: a) 있다. 이는 높은 습기의 신호로 강한 폭풍이 가까워지고 있는 신호다. 남부 유럽에서는 이것을 치즈를 상하게 하거나 우유를 시게 만들기도 한다. 강한 습기와 갑작스런 기압의 변화는 아픈 머리의 원인이 될 수 있고, 공기가 물 분자로 가득차 있다는 신호이기도 한다. 그래서 관절이 아픈 사람들이 자주 쓰는 표현은 "비가 오려나봐" 이다.

b) 있다. 공기가 마치 피부처럼 미세한 털들이 머리카락이나 팔에 나있는 짧은 털들을 세우기도 한다. 마치 정전기가 생긴 때와 같다.

c) 없다. 구름은 아래에서 햇살이 짧게 받아들여 변한다. 녹색이지 폭풍과는 관련없다.

d) 들을 수 있다. 강한 폭풍이 다가오고 있다는 예의 뜻이다. 그지 날씨가 덥고 대부분 곤충에 의한 것일뿐이다.

천둥에 대한 재미있는 얘기가 모두 미신은 아니다. 옛날 사람

들은 천둥을 신들의 무기라고만 생각했다. 신들이 몹시 화가 났을 때 인간이나 다른 신을 혼내는 무기 말이다. 천둥(thunder)은 뇌신(Thor)에서 따온 이름이다. 뇌신은 북유럽 신화에 나오는 천둥의 신이다. 불같은 성질로 유명한 그는 하늘을 지나갈 때 거대한 망치를 마구 휘두른다. 그러면 하늘에서 우르르 쾅쾅! 천둥이 일어난다.

천둥치는 천둥신

신들의 고향, '아스가르드' *의 어느 이른 아침… *북유럽 신화에 나오는 신들이 사는 곳.

번개는 무엇일까?

공기가 뇌운 속에서 세차게 오르내리면 전기 효과가 발생한다.

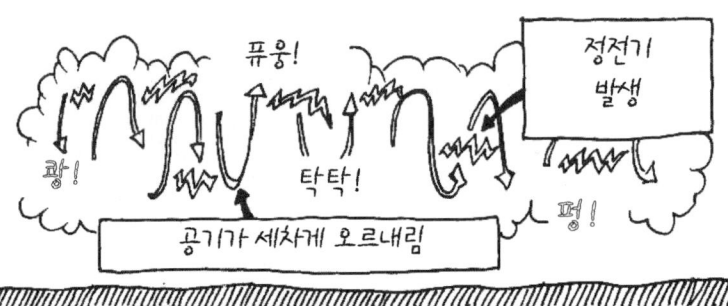

공기가 위아래로 오르내릴 때, 구름 속에 있던 작은 물방울과 작은 얼음 입자들은 서로 부딪치게 된다. 이렇게 작은 입자들이 끊임없이 충돌할 때 정전기가 생긴다. 폭풍이 칠 때 하늘을 찢을 듯 번쩍이는 번개의 불빛은 거대한 정전기인 것이다. 그 정전기는 겨울에 옷을 빨리 벗을 때나 머리를 빗을 때 생기는 것과 같은 종류다. 그러면 번개는 어떻게 번쩍이게 되는 걸까.
1. 구름 꼭대기에는 양전기가 충전된다. 구름의 아랫부분에는 음전기가 충전된다. 지면에도 역시 양전기가 충전한다.
2. 그리고 충전된 음과 양의 전기량의 차이가 커지면 번개는 그 사이에서 번쩍이게 된다. 구름 속에서 충전되어 번쩍이는 번개를 막전광(구름에 반사된 장막 모양의 번개)이라고 한다.
3. 구름과 지면 사이에서 번쩍이는 번개는 끝이 갈라진 형태다.

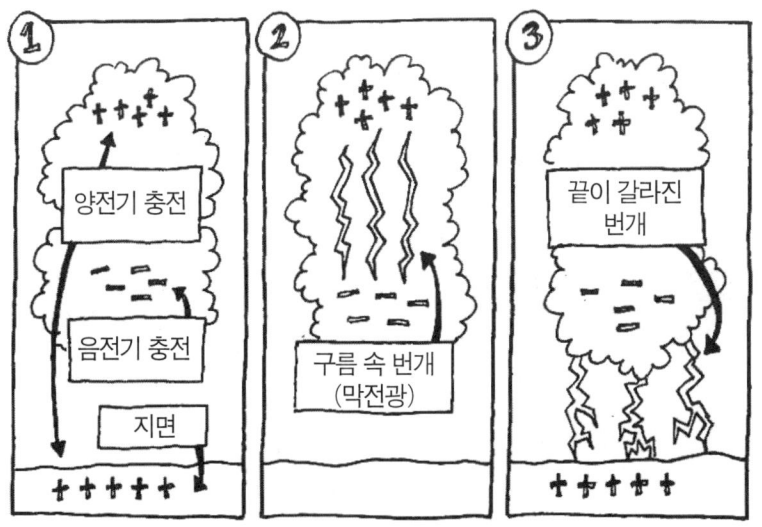

끝이 갈라진 번개는 지면으로 향하는 가장 쉬운 길을 택한다. 끝이 갈라진 번개가 가장 빠르다는 뜻이다. 번개가 칠 때는 큰 나무와 빌딩이 번개에 맞기 쉽다. 하지만 다행히도 번개는 대부분 구름 안에 안전하게 머물거나, 지면으로 향하기보다 다른 구름으로 뛰어 넘어간다.

번개의 불빛은 매우 빨라 1초에 100번 정도 지구를 때릴 수 있다고 지리학자들은 측정한다. 1초에 100번! 우리의 눈에는 긴 불빛이 한번 번쩍이는 것으로 보이지만, 그 번개는 지면으로 내려왔다가 잽싸게 다시 구름으로 돌아가는 것이다. 이는 불빛이 아주 빠르게 움직이기 때문이다.(번개의 속도는 초속 140,000km에 이른다).

사실 구름과 지면 사이를 오가는 불빛은 약 30개쯤 된다고 한다. 이때 각 불빛은 1초도 되지 않게 아주 잠깐, 눈 깜짝할 사이에 번쩍 하고는 사라지는 것이다. 우리는 아주 잠깐 동안에 방출되는 불빛을 볼 수 있을 뿐이다. 그래서 번개의 불빛은 눈 깜짝할 사이에 사라진다고 말하는 거다.

"번개는 같은 곳을 두 번 치지 않는다."는 말도 있다. 그러나 천만에 말씀! 뉴욕에 있는 엠파이어스테이트 빌딩은 일 년에 500번 정도나 번개를 맞는다. 그리고 번개에 연타를 맞은 사람들도 있다.

6월 26일　　데일리 글로브　　1977년

미국, 버지니아 주, 웨이네스보로
불운인가 행운인가
인간 피뢰침!

은퇴한 국립공원 경비원 '로이 설리반'은 또 구사일생으로 살아났다. 그는 어제 35년 만에 일곱 번째 번개를 맞았다. 대담한 로이(65세)는 번개를 맞고도 살아남아 번개에 맞은 사람은 다시는 번개에 맞지 않는다는 속설이 사실이 아님을 또 한 번 증명했다. 그가 겪은 놀라운 일들로 인해 그는 전설적인 별명을 얻었다. 인간 피뢰침! 처음 번개를 맞은 것은 1942년 4월, 공원에 있는 화재 감시 망대에서였다. 그는 그때의 상황을 이렇게 설명했다. "번개가 탑을 일곱 번 정도 때렸어요. 그래서 빨리 그곳을 빠져 나와야겠다고 생각했죠." 하지만 결국 번개가 그를 때렸다. 그는 그때 탑에서 1미터 정도 떨어져 있었다. 번개는 그의 오른쪽 다리를 타고 내려와 발톱을 강하게 때렸다.

또 그는 1969년에 친 번개로 눈썹이 타 버렸고, 1970년에는

첫 번째 번개

왼쪽 어깨에 심한 화상을 입었다. 1972년과 1973년에도 번개에 맞았다. 두 번 다 머리카락이 불에 탔다. 1973년에는 맑은 하늘에서 날벼락처럼 번개가 쳤다. 그는 차에서 퉁겨 나갔고 양쪽 다리에 번개를 맞았다. 그리고 1976년에 맞은 번개는 발목에 심한 부상을 남겼다.

"번개다! 하면 이미 때는 늦습니다." 그는 천천히 설명했다. "공기 중에서 유황 냄새가 나면서 시작되죠. 그리고 머리카락 끝이 곤두서요. 그러면 바로 덮치는 겁니다. 그건 갑자기 강타를 맞는 것과 같아요. 뭘 어떻게 할 시간이 없죠."

일곱 번째는 낚시를 하고 있을 때였다. 그는 또 이렇게 말했다. "유황 냄새가 나길래 위를 올려다보았죠. 전기가 번쩍 하더니 내 쪽으로 왔습니다. 이번이 제발 마지막이길 바랬어요. 일곱 번이면 족하지 않습니까. 일곱 번이면요…."

그는 살아 있다는 것이 행운임을 잘 알고 있었다. 세 번 이상 번개를 맞고 살아남은 사람은 없다. 그런데 그는 번개를 일곱 번이나 맞고도 살아 있는 거다. 도대체 왜 번개는 그 사람만 골라서 치는 걸까. 이에 대해 그는 웃으면서 이렇게 말했다. "꽃에 알레르기가 있는 사람들이 있잖습니까. 말하자면 저는 번개에 알레르기가 있는 것 같아요."

죽음의 알레르기

선생님 골탕먹이기

　로이 설리반이 '번개포빅(keraunophobic)'이 아닌 것은 천만 다행이다.

　번개포빅(keraunophobic)은 번개에 대한 두려움을 뜻하는 전문 용어이다. 체육 시간에 손을 번쩍 들고 선생님께 이렇게 말하면 천둥이 칠지도 모르겠다.

천둥포빅(brontophobic)은 무슨 뜻일까?
a) 천둥을 두려워하다.
b) 뇌룡을 두려워하다.
c) 축구 경기를 두려워하다.

> 답: a) 천둥포빅은 천둥을 두려워하는 사람에게 쓰이는 전문 용어이다.

　그럼 수업을 빼먹을 수 있는 다른 증상은 또 없을까? 선생님께 간단히 둘러댈 수 있는 것 말이다. 날씨나 기후에 대한 공포증도 이것저것 많은데 하나 골라 볼까?

　가령, 비 공포증*(ombrophobia), 바람 공포증(anemophobia), 눈 공포증(chionophobia), 안개 공포증(homichiophobia)! 여러분은 혹시 이들 중에서 어떤 증상이 있는 것 같은가?(없다면 다행이지만.)

* 공포증과 포빅은 같은 말이다.

주의 : 여러분이 정말 '천둥 공포증'이라면 다음에 나오는 내용을 조심해서 보도록.

천둥은 무엇일까?

정말로 천둥은 두려운 것일까? 천둥은 끔찍하게 큰 소리를 내지만 그렇게 큰 해를 끼치지는 않는다. 그렇다면 천둥은 어떻게 생기는 것이며, 천둥이 칠 때 어떤 일이 일어나는 것일까? 모나 선생님의 설명을 들어 보자.

번개는 태양의 표면보다 다섯 배나 더 뜨겁다. 번개가 하늘을 한 번 가를 때, 번개가 지나간 길의 공기는 믿을 수 없을 정도로 뜨겁다. 자그마치 33,000도! 이런 고열로 인해 공기는 초음속으로 팽창되고 하늘에 충격파를 보낸다. 그때 우르르 쾅쾅 하는 천둥소리가 생기는 것이다.

뇌우가 생기면 천둥치는 소리가 들리기 전에 번개가 먼저 보인다. 사실 천둥과 번개가 정확히 동시에 일어났더라도 우리에게는 번개가 먼저 보인다. 그 이유는 무엇일까? 이는 빛이 공기 속을 지나갈 때 소리보다 훨씬 더 빠르게 이동하기 때문이다. 빛이 피융! 하고 날아갈 때의 속력은 초속 140,000km인 반면,

소리는 겨우 초속 340m로 그 뒤를 꾸물거리며 따라가는 것이다. 폭풍이 바로 저 모퉁이 뒤에 숨어 있다면? 그럼 간단한 실험을 해 보자. 폭풍이 얼마나 가까이 떨어져 있는지 알아보는 실험이다.

준비물 :
- 나!
- 뇌우(천둥과 번개가 치며 내리는 비)
- 초침이 있는 시계

실험 :

1. 뇌우가 몰아치는 날 번개가 칠 때까지 기다리면서 시계를 보아라.
2. 번개가 치면 그때부터 천둥소리가 처음 울릴 때까지의 초를 재라.
3. 2번에서 나온 숫자를 3으로 나누어라. 나온 답이 폭풍이 떨어져 있는 거리이다.(단위는 km)

만약 번개가 친 뒤 약 5초 뒤에 천둥이 쳤다면, 폭풍은 겨우 약 2km 떨어져 있는 거야. 조심해! 겨우 2km! 바로 폭풍이 불어닥친다!

폭풍 대피 지침서

번개 치는 건 정말 신이 난다. 하지만 조심해야 한다. 번개는 사람을 죽일 수도 있으니까. 미국에서는 매년 100여 명이 번개에 맞아 죽는다. 그리고 부상자는 훨씬 많다. 폭풍이 치면 어떻게 해야 안전하고 무사할 수 있을까? 폭풍이 칠 때 지켜야 할 것들을 소개한다. 여러분도 잘 기억해 두었다가 혹시 폭풍이 치는 곳에 있게 되면 당황하지 말고 그대로 따라하길.

폭풍이 칠 때 조심할 것들은 대부분 전도체와 관련이 있다. 전기가 잘 통하는 물질을 전도체라고 하는데, 가령 금속이나 물이 그렇다. 반면 종이나 헝겊은 전기가 잘 통하지 않는다. 이는 부전도체라고 부른다. 전도체 중에서도 다른 물질보다 전기가 더 잘 통하는 것이 있다. 그렇다면 폭풍 안전 대피 방법은 우선 전도체가 될 것들을 멀리하는 것이겠군.

하지 말 것

● 큰 나무 아래에 서 있지 말 것

번개는 땅으로 가는 가장 빠른 길로 나무나 큰 건물을 택한다. 전봇대나 언덕 꼭대기(등산하는 사람들 조심!)도 번개가 잘 노리는 곳이다. 그러므로 폭풍이 칠 때는 나무 아래에 서 있으면 안 된다. 특히 주변에 다른 나무 없이 혼자 있는 나무는 번개의 표적이 되기 쉽다.

번개의 직격타를 맞으면 아무리 큰 나무라도 뿌리째 뽑힐 수 있다. 비를 피한다고 나무 아래에 서 있으면 깔려 죽기 딱 좋은 것! 번개는 나무 줄기를 폭발하게도 한다. 이는 좋은 전도체인

(전기가 잘 통하는) 수액이 번개의 열을 받아 팽창하기 때문이다. 폭발해 튀는 나무 껍질은 총알탄이 될 수도 있다.

이렇게 무시무시한 번개는 할 일을 다하면 마지막 확인을 하고 다른 곳으로 총알같이 날아간다. 그 마지막 확인이란 자신이 때린 나무 밑에 사람이 깔렸나 안 깔렸나… 흐으….

● 골프하지 말 것

천둥 번개가 칠 때 골프를 하면 크게 해를 입을 수 있다. 골프장은 넓은 평지이다. 평지에 유일하게 우뚝 솟아 있는 사람은 번개의 목표물이 되기 쉽다. 게다가 금속으로 된 골프채는 전기가 아주 잘 통한다.

그러니까 폭풍이 올 날씨에 엄마나 아빠가 골프를 치러 가면 반드시 말려야 한다. 미국의 애리조나에 있는 골프장이 아니라면 말이다. 그 골프장의 지붕에는 특별 센서가 있다. 이 센서는 48km 이내에 번개가 감지되면 요란하게 사이렌을 울린다.

● 낚시하지 말 것

골프 치는 사람보다 '인간 피뢰침'이 되기 쉬운 사람은 낚시하는 사람이다. 그 위험이 두 배는 더 크다고 한다. 이유는 낚싯대에 들어가는 탄소 섬유 때문인데, 탄소는 전기가 잘 통하는 물질이다. 그리고 수영하는데 폭풍이 치면 얼른 물에서 나와야 한다. 번개의 눈으로 보면 수영하는 사람들은 위에 떠 있는 오리나 다름없다. 물도 전기가 아주 잘 통하는 물질임을 잊지 말아야 한다.

● 종 치지 말 것

 옛날 사람들은 재미있는 생각을 한 것 같다. 교회의 종을 치면 번개가 그 종소리를 듣고 두려워서 멀리 도망친다고 믿었다나.(선생님께 물어 보아라. 정말 오던 번개가 멀리 사라졌는지 혹시 아시느냐고.) 딩! 동! 퐁!

 그러나 사람들이 종을 치자 벌어진 상황은 전혀 예상과 달랐다. 번개가 칠 때 커다란 교회 첨탑 안에 있는 것은 위험하다. 게다가 금속으로 된 종을 치는 것은, "번개야, 이리 온." 하는 것과 다를 게 없다. 결국 어리석은 사람들은 종을 치다가 불에 타 죽고 말았다.

● 전화하지 말 것

 전화로 친구와 한참 이야기를 하고 있는데 창 밖을 보니 번개가 치고 있다면 빨리 전화를 끊어야 한다. 번개는 전화선을 통해 치명적인 전기를 보낼 수 있다. 전화를 하다 큰일을 당할 수 있으니 반드시 명심할 것. 폭풍이 치면 전화를 하면 안 된다! 알겠지? 그리고 컴퓨터나 텔레비전과 같은 전기 제품들도 모두 끄는 것이 좋다. 매년 미국에서는 텔레비전이 수백 대나 폭발했다. 다름 아닌 번개가 집 밖에 있는 안테나를 때려 연결된 선을 따라 집안까지 들어왔던 것이다. 뿐만 아니라 전화를 걸던 사람 28명이 전기 충격으로 목숨을 잃기도 했다.

이렇게 할 것…

● 땅에 웅크리고 앉아라

폭풍이 칠 때 밖에 있는 것은 정말 위험하다. 대부분 번개는 공원이나 벌판처럼 트인 곳에서 목표물을 찾는다. 그런 곳에서 갑자기 폭풍을 맞게 되면 무릎을 감싼 채 웅크리고 앉아라. 이렇게 하면 번개 맞을 확률을 줄일 수 있다. 하지만 땅바닥에 납작하게 엎드리면 안 된다. 비로 젖은 땅은 전도체가 될 수 있기 때문!

● 장화를 신어라

폭풍이 불고 천둥이 치고 번개가 치고… 바깥은 위험으로 가득 차 있다. 바닥은 또 어떤가. 질퍽질퍽한 진흙이고, 또한 아스

팔트로 된 길도 빗물이 많으면 걷기에 힘들다. 하지만 장화를 신으면 신발에 흙이 묻을 염려도 없고 미끄러질 염려도 없다. 특히 장화의 소재인 고무는 전기가 잘 통하지 않는 물체이다. 당연히 장화를 신으면 번개의 위험으로부터 나를 지킬 수 있다. 절대 발이 뜨겁게 달궈지는 일은 없을 거야.

● 차 안에 그대로 있어라

차를 타고 가다가 폭풍을 만나면 밖으로 나오지 말고 그대로 있는 것이 안전하다. 번개는 차체의 금속 부분을 돌고 나서 고무 타이어 속으로 사라진다. 차 안에 있으면 번개가 건드리지 않으니 안심할 것.

● 비행기도 괜찮다

비행기를 타고 하늘을 날고 있는데 번개가 친다면 어떨까. 비행기 몸체가 불안하게 덜컹거릴 수도 있고 불안하기도 할 것이다. 그러나 그리 위험하지는 않으니 안심해도 좋다. 자동차와 같이 비행기의 몸은 금속으로 되어 있다. 이 금속이 번개의 전기를 흡수하기 때문에 그 안에 있는 사람들은 안전하다. 믿어지지 않는다면 이륙하지 않은 비행기로 실험을 해도 좋다. 실험실에서 가짜 번개로 안전한지 확인해 보는 거다. 또 비행기 조종실 안의 모든 장치 또한 번개에 대해 매우 안전하다.

● 집에서 나오지 말아라

 폭풍이 불고 번개가 칠 때는 무엇보다 집안이 가장 안전하다. 밖에서 갑자기 폭풍을 맞았을 때는 땅에 웅크리고 앉는다거나, 차 안에 있을 때는 차에서 나오지 않는 게 좋다. 물론 집에 있다면 나오지 말고 그대로 있어야지. 안락의자에 편안히 앉아 폭풍치는 것이나 구경하면 좋을 것.

목숨을 건 실험 정신으로…

 그러나 실내에 있다고 완벽히 안전할까. 화재가 난다면 안전은 보장할 수 없다.(그래도 바깥보다는 안전하다.) 그러나 한 사람의 끈질긴 실험 정신으로 인해 번개로부터 좀더 안전하게 우리 몸을 지키는 방법이 발견되었다. 그는 바로 '벤자민 프랭클린'이다. 그는 다재다능한 사람이었다. 기자, 발명가, 정치인,

시인, 그리고 아주 특이한 과학자. 우와, 대단하군! 틈만 나면 실험을 하던 프랭클린은 번개의 전기 충격을 막는 방법을 발견해 냈다. 하지만 당시 그의 가족은 대수롭지 않게 여겼던 것 같다. 번개의 충격을 방지할 수 있는 방법을 발견하고 기쁨에 넘쳐 아버지께 쓴 그의 편지를 한번 볼까?

미국, 필라델피아
1752년 여름

친애하는 아버지께

최근 제가 발견한 사실을 말씀드려야겠기에 편지를 씁니다. 제 말씀을 들으시면 저를 매우 자랑스러워하실 겁니다. 자, 이제 제 얘기를 잘 들어 보세요.

우리 마을 사람들은 여름만 되면 끔찍하다고 말합니다. 사악한 날씨가 몇 주 동안 계속되니까요. 비요? 요즘엔 어쩐 일인지 좍좍 퍼붓지도 않더군요. 그게 오히려 더 이상할 정도인데요. 우리 마을엔 정말 지겹도록 비가 오잖아요. 그런데 저는 퍼붓는 빗속에서 정말 행복했답니다. 대체 무슨 얘기냐구요?

빗속에서 노래하는 나!

잘 들어 보세요. 어제는 정말 폭포 같은 폭우에 여기서 번쩍, 저기서 번쩍, 번개 한번 대단했죠. 정말 환상이었습니다. 제가 최근에 착수한 실험을 하기에 아주 훌륭한 조건이었으니까요. 아, 잠깐! 제 얘기를 끝까지 다 들어 주세요. 번개로부터 건물을 보호하는 장치에 관한 것입니다.
 폭풍이 우르르 쾅쾅 울릴 때, 저는 연을 들고 바깥으로 나갔지요. 정말 대단했습니다. 성난 듯 으르렁대는 천둥소리 말입니다.

 아, 오해하지는 마세요. 이건 무슨 애들이 소풍 가서 하는 게임 같은 게 아닙니다. 아주 중대한 실험이었죠. 연은 가장 완벽한 실험 도구였어요. 저는 연을 긴 전선에 묶었고 끝에는 열쇠를 묶어 놨습니다.
 매놓은 열쇠를 통해 번개의 전기를 끌어들이려고 한 거죠. 네, 아주 위험한 일이었죠. 하지만 저는 실험이 잘 되리라 확신했어요. 그리고 그것이 얼마나 가치 있는 일인지 아버지도 인정하시리라 믿습니다.
 전선을 일종의 피뢰침으로 쓰고 싶었던 거죠. 그러면 전선으로 흡수된 번개를 땅으로 보낼 수 있을 테니까, 번개가 건물을 손상시키는 걸 막을 수 있을 겁니다. 그리고 무엇보다 중요한 건 건물 안에 있는 사람들을 보호할 수 있다는 거예요.
 어쨌든 꿈만 같았죠. 그리고 실험은 제 기대보다 훨씬 좋았어요. 정말 됐다니까요! 제가 빗속에서 연을 띄우자 번개가 그것을 때렸습니다. 이내 번개가 전선을 타고 내려왔고 열쇠 에까지 이르렀죠. 열쇠에서 불꽃이 튀겼습니다. 전기가 전선을 통과하고 있음을 보여 주는 확실한 증거인 거죠.

제 생각은 모두 맞았습니다. 제 말이 맞죠? 저를 자랑스러워하실 거라고 제가 말했잖아요. 이제 저는 전기 회사에 연락해 의견을 교환해야 합니다.

전기 회사에서는 제 생각에 감탄하겠죠. 번개를 이용해 전기를 얻을 수 있을 테니까요.

저는 곧 부자가 될 거라구요. 야호! 거 봐요. 아버지는 제가 시간 낭비만 한다고 여기셨잖아요. 이제 아버지도 그렇게 생각하시지는 않겠죠. 이 모든 것을 포기하고 제가 아버지의 공장으로 돌아갈 수 있겠어요? 비누 만드는 일은 제게 맞지 않아요. 이제 아버지도 제가 과학에 관여하고 있음을 아셨을 것이고요.

이제 그만 써야겠어요. 우산을 이동 가능한 피뢰침으로 만들어 달라는 요청을 받았거든요. 아버지 생각은 어떤지 빨리 답장 주세요.

벤자민 올림

> ### 경 고
>
> 위의 실험을 함부로 따라 하지 말 것. 다행히도 프랭클린은 번개의 밥이 되지 않았지만 무지하게 위험하다. 금속이 좋은 전도체여서 번개와 금속이 만나면 살인적으로 변하기 때문이다. 다른 과학자 몇 사람도 벤자민의 실험을 따라 하다가 성공하지 못하고 죽었다.

폭풍이 자주 생기는 지역에서는 높은 집이나 아파트 같은 높은 건물의 외부에 번개가 지날 수 있는 금속을 연결해 놓는다. 주로 가는 구리선이 사용되는데, 이 구리선은 피뢰침(금속 막대)에 연결된다. 피뢰침은 건물의 가장 높은 곳에 고정돼 있다. 번개가 피뢰침을 때리면 피뢰침에 연결된 구리선을 통해 전기는 땅 밑으로 흘러가게 되는 것이다.

우박은 무엇일까?

천둥소리에 귀가 멍멍하고 하늘을 찌를 듯 번쩍이는 번개의 불빛으로 오싹해졌다고 끝난 것은 아니다. 뇌우에는 또 다른 무기가 있다. 그림을 보라. 뼛속까지 흠뻑 젖어 물에 빠진 생쥐처럼 보이는 사람…. 그런데 갑자기 뭔가 딱딱한 돌덩어리가 머리 위로 마구 쏟아진다. 그건 바로 우박덩어리다!

우박이 뭔지 알기 위해서 우박이 올 때까지 기다릴 필요는 없다. 또 우박이 쏟아지는데 밖으로 나갈 필요도 없다. 그저 집에서 편안한 의자에 앉아 우박에 대한 설명을 잘 읽어 보면 충분하다. 자, 우박이란….

1. 우박은 뇌운 속에서 태어난다. 뇌운 속에 있는 아주 작은 얼음 결정들은 공기의 흐름에 의해 위 아래로 흔들린다. 이때 서로 부딪치면서 더 커다란 결정으로 얼게 된다. 그리고 그 결정이 무거워지면 아래로 떨어지는데 이것이 바로 우박이다. 우박을 반으로 잘라 보면 얼음으로 된 양파 같다. 매끈한 얼음과 서리가 끼어 울퉁불퉁한 얼음이 번갈아 있는 얼음 양파.

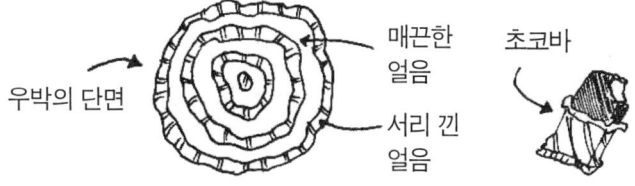

2. 독일의 조종사 다섯 사람에게 무슨 일이 있었던 걸까. 1930년 비행 중이던 그들에게 뇌운이 덮쳤다. 물론 그들은 낙하산을 펴고 탈출했다. 그런데 구름 속에 얼음 결정들이 있는 게 아닌가. 얼음 결정들 사이에서 다섯 사람은 인간 우박이 되어 땅으로 떨어졌다. 꽁꽁 언 네 사람은 죽고, 기적적으로 한 사람은 살아 남았다.

3. 그 조종사들 말고 우박 속에서 낙하한 생명체는 또 있다. 1894년 미국에 커다란 우박이 떨어졌다. 그런데 놀랍게도 벽돌만한 거북이 한 마리가 꽁꽁 언 채로 우박과 함께 떨어진 게 아닌가. 쌓인 우박 속에서 거북이를 발견한 사람들은 얼마나 놀랐

을까. 하지만 거북이가 어떻게 우박 속에 있다가 땅에 떨어졌는지는 아무도 알지 못한다.

4. 우박이 떨어지면 딱딱한 모자를 쓰는 것이 좋다. 우박은 대략 콩알만하고, 무게는 1g이 채 안 된다. 하지만 오렌지만하게 자랄 수도 있다. 그리고 믿어지지 않겠지만…

5. 수박만한 우박도 있다. 1970년 9월, 미국 캔자스 주의 코피빌에 떨어진 우박은 무게가 750g에 둘레가 45cm나 되었다고 한다. 이 우박은 그야말로 세계 기록이다.

6. 보통 10분 정도 떨어지는 우박은 엄청난 재해를 불러온다. 지붕을 강타하고 창문을 깨뜨리고 자동차 전면 유리는 산산이 부서진다. 나뭇잎을 우수수 떨어뜨리고 곡물을 완전히 망쳐 놓

는다. 엄지손가락 굵기의 식물 줄기가 잘라져 나가기도 한다. 우박의 피해가 심한 아메리카 대륙에서는 문제가 너무 심각한 나머지 농부들이 특별 우박 보험을 들기도 한다.

번개와 천둥, 폭우, 우박 그리고 얼어붙은 거북이까지….
살인적인 뇌운 속에 숨어 있는 것들이 이젠 끝난 것일까? 아니다. 그것이 전부는 아니다. 음… 그 다음엔 무엇일까? 폭풍처럼 이어지는 다음 장으로 용감하게 나아가 보자. 토네이도의 소용돌이에 빨려 들어갈 수도 있으니 모두 정신 똑바로 차릴 것! 폭풍 중에 가장 힘센 토네이도 속으로, 출발!

휘리리리릭, 회오리!

 팽이처럼 핑핑 돌고 사자처럼 으르렁거리며 집 한 채를 단숨에 산산조각 낼 수 있는 것은 무엇일까? 음, 우리 선생님이 화나시면 그러시는데…. 틀렸다. 회오리바람이나 토네이도가 정답이다. 토네이도 역시 매우 거칠게 부는 회오리바람의 하나이다. 깔때기 모양의 끝은 하늘 높이 솟아 있는 뇌운과 연결되어 있다. 근처에서 토네이도가 불어올 때 구경한다고 돌아다니면 안 된다. 산산조각 나고 싶지 않다면 말이다. 토네이도가 지나가는 길에 있는 것은 모두 가루가 된다는 사실! 더 무서운 것은 그 살인적인 회오리바람이 다음에는 어디로 갈지 아무도 모른다는 것….

토네이도란 무엇일까?

 날씨는 한 가지로만 나타나지 않는다. 두 가지가 넘는 현상들이 같이 나타나는데, 한 가지 현상이 또 다른 현상을 이끈다. 한랭전선을 따라서 나타나는 기상 현상은 여러 가지지만, 그 중 하나가 토네이도이다. 즉, 토네이도가 생겨나는 곳은 한랭전선인 것. 그런데 무엇이 토네이도를 움직이게 하는지는 정확히 알지 못한다. 지리학자들도 추측만 할 뿐이다. 그러면 죽음의 바람, 토네이도가 어떻게 자라는지 알아보자. 자, 심호흡을 다시 한번 하고!

비틀어!

1. 뇌운 속의 공기는 빙글빙글 도는데 그 이유는 정확히 밝혀지지 않았다. 이때, 지면 가까이에 있는 공기는 따뜻하다.

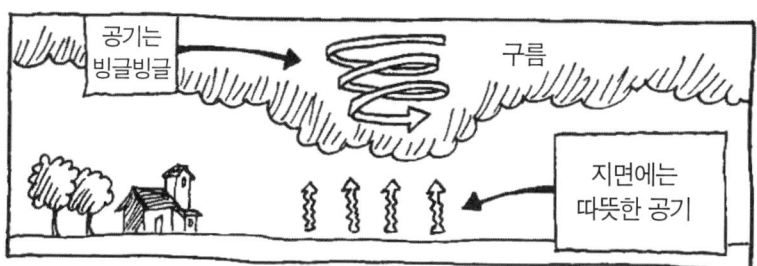

2. 뇌운 속의 공기가 빙글빙글 돌면서 지면 가까이 있는 따뜻한 공기를 향해 손을 뻗친다. 그리고 이때 더 빨리 돌기 시작한다.

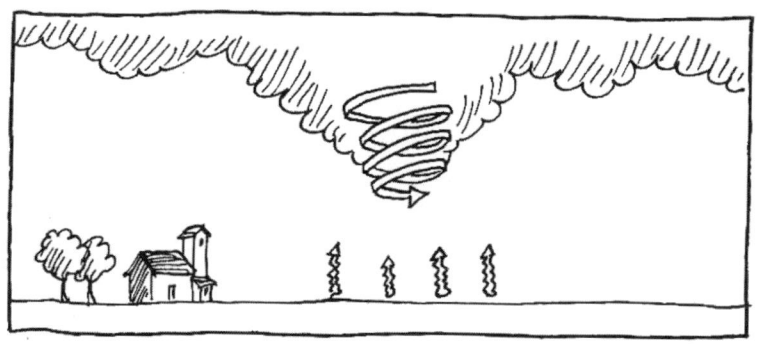

3. 이렇게 빨리 도는 공기는 지면으로부터 따뜻한 공기를 급속히 빨아올린다.

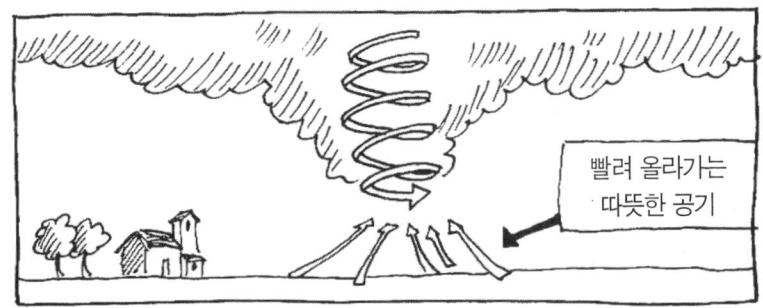

4. 따뜻한 공기는 위로 올라가면서 점점 차가워지다가 응축한다. 그리고 이 응축한 공기는 회오리치는 깔때기 모양의 구름을 만든다.

5. 코끼리의 코처럼 보이기도 하는 이 구름은 뇌운과 연결되어 아래로 매달려 있는 형태이다.

6. 이 구름이 땅에 닿을 때 강력한 회오리가 생기는데 이것이 바로 토네이도이다.

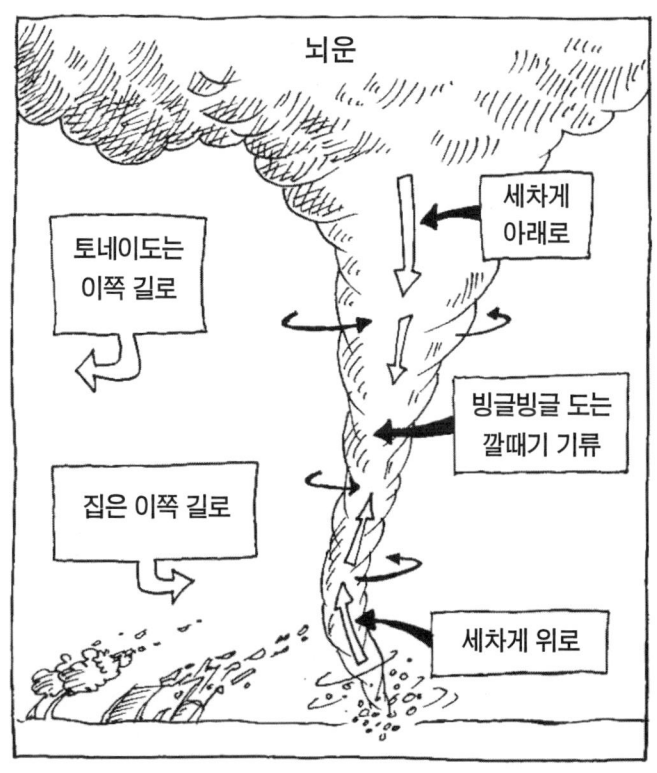

심술쟁이 토네이도

끔찍한 회오리바람에 대해 좀더 알아볼까? 빙글빙글 돈다는 것 말고 또 어떤 특성이 있을까? 이제 좀더 전문적인 내용을 알아볼 시간이다. 우리의 기상학자 모나 선생님께 토네이도에 대해 궁금한 것들을 하나씩 물어 보자.

토네이도는, 에, 무척 크겠지요?

아니. 평균 크기는 그렇게 크지 않단다.(상상도 못할 정도로 큰 회오리바람은 그 폭이 1km까지 자라는 것도 있긴 있어.) 하지만 크기가 전부는 아니야. 작은 토네이도 역시 굉장한 에너지를 갖고 있고, 엄청난 피해를 불러올 수 있거든.

어떻게 그렇게 강한 거죠?

음, 깔때기 모양의 회오리바람은 직경 10m 정도로 좁을 수도 있지만 그 안에서 휘몰아치는 바람의 힘은 엄청나지. 사실, 토네이도가 지구상에서 가장 센 바람이란다. 시속 480km에 이른다니 믿어지지 않는 속도지.

그럼 토네이도는 아주 빠르게 움직이겠네요!

다양하지만 사람의 걸음걸이보다 약간 더 빠른 정도야. 사람이 아주 빠르게 걷는 속도는 시속 6.5km쯤 되거든. 토네이도는 보통 시속 32km 정도야. 그런데 거의 움직이지 않는 것도 있어. 또 어떤 것들은 시속 115km나 되는 속력으로 빠르게 불어 올라가기도 해. 아주 빠른 자동차의 속력과 맘먹지.

이 정도는 걸어가도 돼.

혼자 많이 걸어라!

더 빨리!

그럼 얼마나 오래 부나요?

토네이도는 대부분 5분 정도 부는데, 1~2초로 끝나기도 하고 몇 시간까지 지속되는 것들도 있어. 그런데 따뜻한 공기가 없어지면 토네이도 역시 무너지기 시작하지. 가장 오래 지속된 기록은 7시간이란다.

윽. 7시간이라니… 끔찍했겠어요.
그럼 항상 걱정하고 두려워해야 하나요?

아니, 항상 그렇진 않아. 운 나쁘게 토네이도의 급류를 만날 수도 있지만…. 토네이도는 때때로 몰려다니기도 하는데, 무려 40개까지 몰려다닐 수도 있단다. 이 무리 중 한 놈이 덮친다면, 사람은 날아가 버리고 말걸. 아주 포악한 토네이도는 혼자 다니는 경향이 있지. 그런데 강한 토네이도 중에 아주 작은 회오리바람을 몇 개 데리고 다니는 게 있어. 이 작은 회오리바람들은 오래 불지도 않아. 하지만 그것들도 조심해야 한단다. 강한 바람을 끌어 모을 수도 있으니까.

토네이도는 굉장히 신날 것 같은데요.
어디 가면 제가 하나 잡을 수 있죠?

토네이도는 어느 지역에서나 생긴단다. 영국에서만도 1년에 60번까지 불었지. 그런데 사실, 정말 거대한 토네이도에 비하면 작은 것들이었어. 가장 거칠고 가장 센 토네이도를 만나고 싶다면, 토네이도 '앨리'를 찾아가야 해. 앨리는 미국 텍사스에서 시작하여 북쪽으로 뻗어간 토네이도란다. 지도를 보면서 확인해 보자….

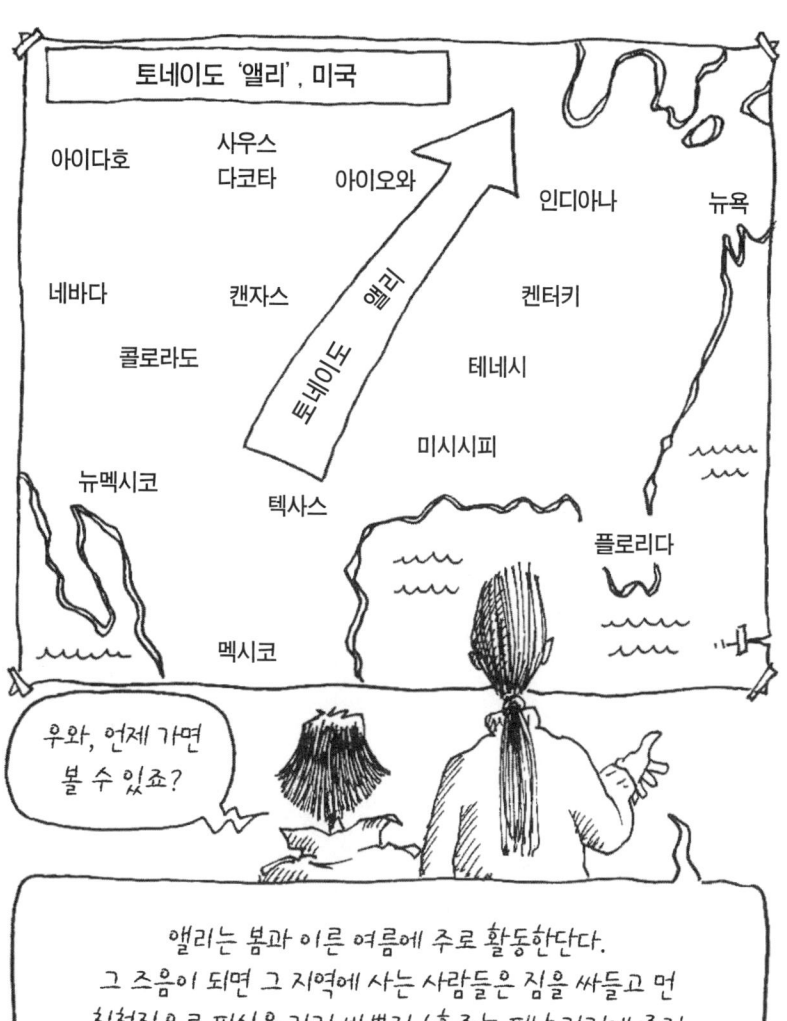

앨리는 봄과 이른 여름에 주로 활동한단다. 그 즈음이 되면 그 지역에 사는 사람들은 짐을 싸들고 먼 친척집으로 피난을 가기 바쁘지. (호주는 피난 가기에 좋지 않아. 호주에도 토네이도가 11월에서 5월까지 계속되거든.) 그런데 재밌게도 토네이도는 꼭 오후 2시에서 6시 사이에만 나타난단다.

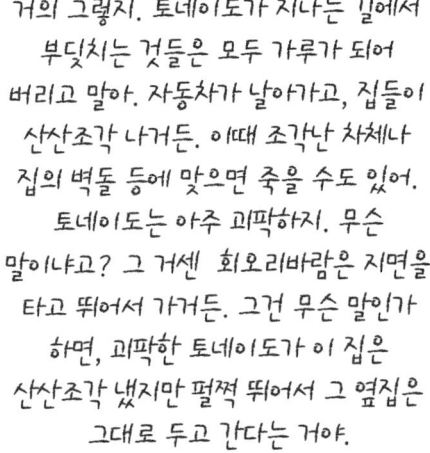

5월 28일　　　**데일리 글로브**　　　1997년

텍사스 주, 쟈렐
토네이도, 도시를 할퀴다

어젯밤 쟈렐을 덮친 토네이도로 인해 그곳의 시민들은 충격을 금하지 못했다. 텍사스 주에는 지난 10년 동안 거센 토네이도의 습격을 여러 번 받았다. 이번에도 그 충격과 피해는 대단했다. 단 5분 간의 회오리바람으로 쟈렐은 쑥대밭이 되었다. 그 작은 마을에 사는 총 인구는 400명. 그 중 32명이 숨졌다. 생존자들은 이웃의 죽음을 애석해했다.

그 날 오후 3시 15분, 토네이도가 지면을 때리자 비극은 시작됐다. 목격자는 여전히 겁에 질린 채로 다음과 같이 진술했다. "하늘이 어두워지기 시작했죠. 그러더니 하늘에서 깔때기 같은 것이 내려오는 거였어요. 사람들은 모두 겁에 질려서 쳐다만 보고 있었죠. 멀리서 봐서는 불과 몇 센티도 안 되는 것처럼 아주 작았어요. 그런데 그것이 점점 커지더니 지평선 전체를 다 뒤덮고 말았습니다. 그리고는 마을 쪽으로 가까이 다가왔어요. 건물이 날아가고 자동차들은 성냥갑처럼 사방으로 퉁겨나갔죠. 나무들이 꺾여 쓰러지는 소리도 요란하고 끔찍했습니다."

토네이도는 작은 마을을 할퀴고 유유히 사라졌다. 그 처참한 파괴의 현장은 1km가 넘었다.

토네이도 참사

이곳을 휩쓸고 간 죽음의 회오리바람은 아무런 예고 없이 불어닥쳤다. 심지어 토네이도 전문가들도 놀라움을 금치 못했다. 국립기상청의 기상학자들도 토네이도가 지상에 닿기 30분 전에야 경보를 알릴 수 있었다. 쟈렐에 토네이도가 올 것이라는 첫 징조는 오후에 하늘이 검게 변했다는 것. 그리고 심장이 멎을 듯한 큰 소리가 들렸다. 깔때기 모양의 바람이 멀리서 나타난 것은 그 다음이었다. 하지만 아무도 빠져 나오지 못했다. 모든 게 순식간에 일어났기 때문이다.

지상에 닿다

날아간 집들 중 70채 정도가 토네이도가 지나간 길 위에 있었다. 그리고 죽은 사람들은 대부분 차에 있었다. 부상자 수십 명은 아직도 병원에서 치료를 받고 있다. 들판에서 풀을 뜯다가 죽은 소들의 시체는 보기에도 끔찍했다. 산산조각난 도시는 폐허로 뒤덮였다.

이처럼 시속 450km에 달하는 속력으로 불어오는 회오리바람인 '토네이도'는 몹시 두려운 존재다. 그 정도 속력으로 불어오는 토네이도는 공식적으로 강도 4로 분류된다. 전체 5 중에서 말이다. 쟈렐의 보안관 '에드 리차즈'는 토네이도가 지나간 마을을 가리켜 이렇게 말했다. "이곳은 마치 전쟁이 할퀴고 지나간 것 같습니다. 온통 파편 투성이입니다."

겁에 질린 어떤 생존자는 필사적으로 잃어버린 아내와 딸을 찾고 있다. "집이 날아가 버렸어요. 모든 게 다 사라졌다구요."

죽음의 검은 그림자가 사라진 도시에서는 이제 구조 작업이 진행 중이다. 파편 더미 속에서 수색 작업을 하는 자원봉사자들과 함께 수색견들도 한몫을 했다. 그들은 혹시라도 어딘가에 갇혀 있는 생존자를 찾아낼까 쑥대밭이 된 마을을 샅샅이 뒤지고 있다. 보안관 리차즈는 이렇게 말한다. "생존자가 더 있을 것이라는 희망을 버리지 않고 있습니다. 하지만 그건 거의 기적일 것입니다. 우리는 지금 기적이 일어나길 간절히 바라고 있습니다."

빨아들이고 내뿜고

토네이도의 회오리 중앙의 압력은 외부의 압력에 비해 반으로 뚝 떨어진다. 이로 인해 따뜻한 공기가 돌풍의 깔때기 속으로 끌려들어오면서 점점 더 빨리 회오리치게 되는 것이다.(기상학자들은 이 소용돌이를 따분한 이름, '와륜'이라고 부른다.) 토네이도가 지상에서 개구리처럼 도약할 때, 그 강한 소용돌이는 이동 경로 중에 있는 것은 뭐든지 빨아들인다. 마치 거대한 진공 청소기처럼. 그런데 토네이도는 사정없이 빨아들이다가 다시 빨아들인 것들을 내뿜는다. 그것 참 정신없군.

개와 고양이처럼 비가 오다?

　폭포같이 퍼붓는 비를 표현할 때 영국 사람이나 미국 사람들은 '고양이와 개가 만난 것처럼' 비가 온다고 한다. 서로 원수지간인 개와 고양이가 만나면 아주 요란하게 싸운다. 그 싸우는 소리와 모습을 보고 그런 말이 나온 것 같다. 개와 고양이가 만났든 물고기와 개구리가 만났든, 하늘에 구멍이 난 것처럼 좍좍 쏟아지는 비. 그런데 토네이도는 호수나 연못을 훌쩍 뛰어넘을 때 물 속에 있는 동물들을 빨아올린다. 물길에서 완전히 벗어날 때까지 물고기나 물 속에 사는 동물들을 천천히 끌어들이다가 빨아올리는 거다. 그리고는 땅에 툭 내던진다.

　(성질 한번 고약하군.) 그럼 소용돌이에 빨려 올라가는 것들을 한번 살펴볼까….

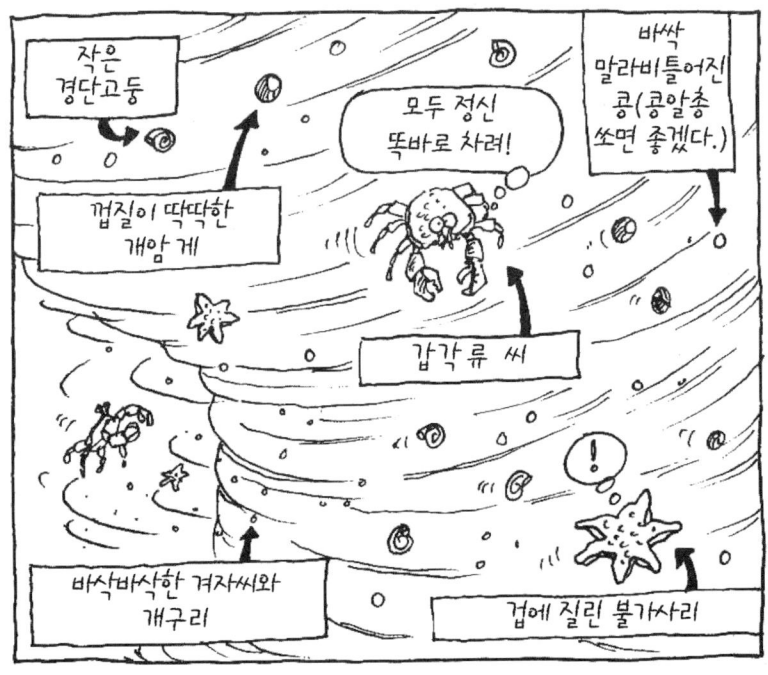

설마, 기차까지?

토네이도는 자동차를 가볍게 집어들어 멀리 내던질 수 있다. 그런데 1931년 5월, 미국의 미네소타에 휘몰아친 토네이도는 350톤이나 되는 기차를 들어올렸다. 그 기차는 레일에서 완전히 벗어났고 25m 떨어진 개천에 내동댕이쳐졌다. 저런! 그런데 놀랍게도 승객 중 단 한 사람만이 숨졌다. 불행 중 다행스런 일이다.

아가야, 재밌었니?

1981년, 이탈리아의 안코나에 불어닥친 토네이도는 아이가 잠자고 있던 유모차를 들어올렸다. 얼마나 날아갔을까. 토네이도는 유모차를 땅에 내려놓았다. 그런데 심술쟁이 토네이도가 유모차를 살짝 내려놓았다는군. 아이는 전혀 다치지 않았고….

그냥 옮겨만 놓을게

1880년 4월, 미국 미주리 주에 덮친 토네이도는 집 한 채를 거뜬히 들어올렸다. 그리고 19km 멀리로 데려가 떨어뜨렸다. 또 캔자스 주에서도 주인이 전혀 모르게 집이 납치된 적이 있었다. 안에 있던 사람이 뭔가 이상해서 앞문을 열었을 때, 놀랍게도 집은 지상에서 40m 위에 떠 있었다. 앗!

아이고, 닭 살려!

　마을을 지나가던 토네이도가 닭의 털을 뽑아 놓은 일도 있다. 어떤 기상학자는 이를 기압 때문이라고 설명한다. 설명을 들어 보면…. 낮은 압력 상태의 토네이도가 닭장을 지나간다. 이때 닭들의 깃털 속에 있는 보통 기압이 토네이도의 낮은 압력으로 인해 갑자기 바깥 기압보다 훨씬 높아진다. 그 기압의 차이로 인해 닭들의 털이 피부 표면에서 폭발하게 된다는 것! 그런데 단순히 바람이 강해서 닭털이 뽑히는 거라고 말하는 사람들도 있다.

색깔도 가지가지

　토네이도는 대부분 검거나 어두운 회색이다. 지면에서 빨아올리는 먼지와 흙 때문이다. 그러나 붉은 흙으로 인해 붉은 색을 띠는 토네이도도 있다. 또 수증기는 흰색 토네이도를 만든다. 그러면 분홍색은 없을까? 1991년 4월 캔자스 주의 위치타에 불어닥친 토네이도는 꽃으로 장식해 놓은 듯했다. 이번에는 토네이도가 어버

이날에 쓸 제라늄 꽃들을 택한 것이다. 강한 바람에 빨려 들어간 꽃잎들로 토네이도는 온통 분홍색을 띄고 있었다! 우와!

잃어버린 동물을 찾습니다

1986년 4월 텍사스 주의 스윗워터를 친 토네이도는 도로에 있는 자동차를 날려 뒷창문을 박살냈다. 긴급 출동된 경찰이 자동차 뒷좌석에서 겁에 질린 새끼 고양이를 구했다. 그런데 고양이는 운전기사의 것이 아니었다. 폭풍이 치기 전에 자동차 뒷좌석에 분명 고양이가 없었다는데. 그럼 어디서 어떻게 날아왔을까? 나중에 그 새끼 고양이는 진짜 주인을 만났다.

계단이라도 있었다면

강한 회오리바람을 만났다고 상상해 보자. 과연 기분이 어떨까? 토네이도를 목격한 사람들도 많지 않지만, 목격한 사람들 중에 살아서 이야기를 해 줄 사람도 그리 많지 않다. 그런 생존자 중 한 사람이, 농부인 '로이 홀'이다. 1943년 5월 3일 텍사스 주의 맥키니를 덮친 토네이도가 그의 집을 쳤다. 폭풍이 요란한 소리를 내면서 다가오자 그는 가족과 함께 침대 속에 숨었다. 그리고 몇 초 후, 집 바깥의 벽이 무너져 내렸다….

"벽이 무너졌을 때, 폭풍이 갑자기 멈췄습니다. 그 끔찍한 소리가 딱 멎는 거였어요. 그 소리가 어찌나 크던지 저는 양 손으로 귀를 막고 있었지요. 그런데 갑자기 아무 소리도 들리지 않고 제 심장 뛰는 소리만 들렸습니다. 그 정적 또한 끔찍하던걸요. 그리고 이상한 파란빛이 방을 비췄어요. 갑자기 발 위로 돌들이 쏟아져 덮였습니다. 저는 딸을 안고 빠져 나오려고 했죠. 이제 우리 집이 바람에 날아가는구나, 싶었습니다. 그리고 그때 저는 보았어요….

토네이도는 위에서 아래로 소용돌이치더니 거의 완벽하게 멈췄습니다. 우리를 싸고 주변을 소용돌이치는 것 같았어요. 갑자기 우리가 지금 어디에 있는 것인지 알았죠. 우리는 소용돌이 바로 안에 있었던 겁니다. 토네이도 안에 갇혔

던 거죠! 위를 올려다보니까 빛나는 구름 벽이 있었어요. 우리 주변에도 온통 3m 두께로 두텁게 구름이 보였습니다. 마치 배수관 안에 갇혀 있는 것 같았죠. 100m나 위로 위로 향해 있는 관 말입니다. 약간 흔들리면서 한쪽으로 기울어져

있던 토네이도의 관! 그 바닥은 깔때기 모양의 폭이 150m 쯤 됐죠. 위로 올라갈수록 그 폭은 더 넓어졌구요. 구름의 일부는 형광빛 같은 이상한 빛이 났어요.

우린 이제 죽었구나 생각했죠. 그런데 깔때기처럼 생긴 바람이 휙 뒤집어지더니 옆집으로 향하는 게 아니겠어요? 그 집은 마치 성냥개비로 된 것처럼 산산조각 났습니다. 너무나 끔찍했죠. 사방에 온통 파편 투성이였어요. 그리고 토네이도는 금방 어딘가로 사라져 버렸어요.

그래도 우리는 감사한 마음입니다. 좀 다쳤을 뿐, 이렇게 살아 있긴 하잖습니까."

홀의 마을을 치고 간 토네이도는 남동쪽으로 향했다. 행운의 홀 가족은 거의 다치지 않고 살아남았다. 집은 무너졌지만…. 그러나 가족이 모두 무사히 살아 있는 것만으로도 그들은 지금까지 감사하고 있다….

요건 몰랐지

1996년 우주 탐색선 '소호'는 태양에서 거대한 소용돌이들을 탐지해 냈다. 그것들은 지구만할 정도로 크고, 속력은 자그마치 시속 480,000km에 달했다. 그런 소용돌이에 비하면 지구는 아주 작은 공에 불과하다.

컵 속의 토네이도

그러면 폭풍 전문가들은 토네이도의 강도를 어떻게 결정할까? 폭풍 전문가 모나 선생님의 설명을 들어 보자.

음, 토네이도의 강도를 측정하는 일은 아무리 고도의 지식이 있는 전문가라고 해도 어려운 일이다. 나 같은 전문 기상학자에게도 어렵지. 인정된 측정 기준들은 다음과 같다.

① 토네이도가 불어닥칠 시간과 장소를 미리 알아낼 수 있는 방법은 없는 걸까? 불행하게도 아직까지는 없다. 기적적으로 토네이도가 불어닥칠 시간과 장소를 알게 됐더라도 그 강도와 크기를 측정할 기구를 옮기다 보면 재빠른 토네이도가 쌩—하고 다른 곳으로 달아나 버릴 것이다.

② 토네이도 안에서 부는 바람은 정말 강력하다. 만약 내가 운 좋게 그 안에 있게 되더라도(측정기구와 함께!), 토네이도 안의 강한 바람은 기구와 나를 산산조각 낼 것이다.

그러면 토네이도의 강도를 알 수 없는 걸까? 다행히도 우리에게는 '후지타 등급'이 있다. 토네이도의 등급은 여섯 단계로 나뉜다. 그 기준은 토네이도로 인한 피해의 정도와 바람의 속력이다. 자, 어떻게 측정하는지 볼까…

수첩을 자세히 보여 줄게!

후지타 토네이도 측정 등급

등급	바람의 속력	피해 정도
F0	64-117 Km/h	약간
F1	118-180 Km/h	중간
F2	181-251 Km/h	심각
F3	252-330 Km/h	아주 심각
F4	331-417 Km/h	황폐
F5	418 Km/h 이상	황폐+산산조각

다음 장에 피해에 대해 구체적으로 나옴

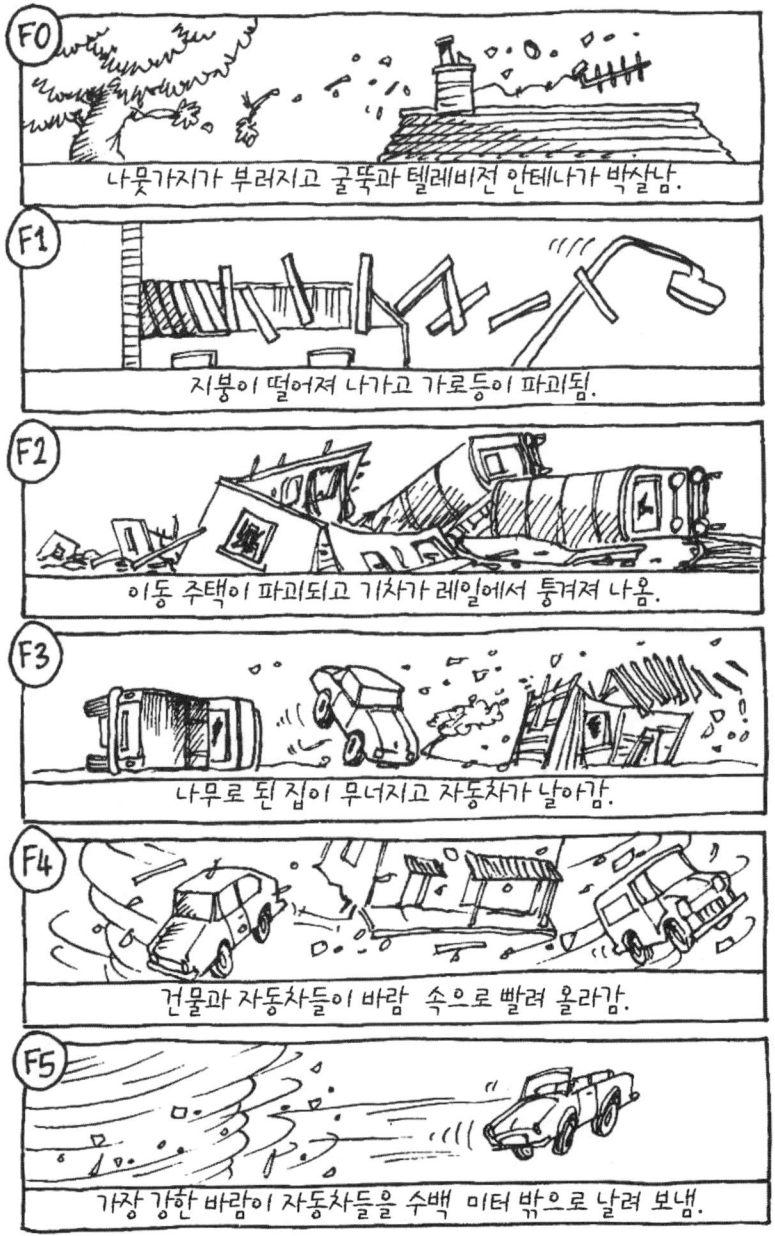

'후지타 등급'은 '데오도르 후지타' 교수의 이름을 딴 것이다. 친구들은 그를 '토네이도 씨'라는 별명으로 부른다. 온통 토네이도 생각뿐이던 토네이도 씨는 어느 날, 실험실에서 토네이도를 만들어 냈다. 실험실에서 토네이도를? 실제 토네이도가 나타나기를 기다리고 또 기다린 뒤였다. 자동차 번호판까지 TF0000(토네이도 후지타 0000!)으로 붙였던 토네이도 씨이다.

그러나 30년 전 처음 토네이도를 본 뒤로 나타나지 않는 토네이도를 더 기다릴 수가 없었다. 그는 스스로 토네이도를 만들겠다고 결심했고, 드디어 컵 속의 폭풍이 탄생한 것이다. 그런데 과연 그는 어떻게 했을까?

우리도 회오리바람을 만들어 볼까?

후지타 교수처럼 토네이도 실험실이 있는 건 아니지만, 우리도 회오리를 만들어 보자. 뭐, 두려워할 필요는 없다. 그렇게 강한 회오리바람은 아니니까.

준비물 : 커다란 플라스틱 병(빈 것),
　　　　 물, 싱크대

실험:
1. 병에 물을 반쯤 담는다.(이건 아주 쉽지.)
2. 병을 들어 싱크대 안으로 가져간다.(바닥에 물이 떨어지면 안 되니까.)
3. 병을 거꾸로 들고 재빨리 돌린다. 병 속에 든 물이 돌아가도록.(이건 생각보다 쉽지 않을걸.)
4. 병을 돌리는 것을 멈춘다.

어떻게 됐을까?
a) 물이 바로 쏟아진다.
b) 떨어지던 물이 소용돌이처럼 계속 돈다.
c) 엄마가 싱크대 어디 갔냐고 물으신다.

답: b) 물을 이용해 회오리를 만든 것이다. 회오리 돌풍을 만들어낼 수 있을 정도로 공기가 세게 돌아가지는 않지만, 토네이도 안에 든 공기 그대로 회오리가 그렇다.

토네이도를 추적하라

후지타 교수처럼 토네이도를 보려고 노력한 사람들은 많다. 그들의 목적은 토네이도를 추적하여 필름에 담는 것이다. 물론 다치거나 죽지 않고서 말이다. 대단해! 토네이도를 추적할 수 있을 정도로 용기가 있는가, 여러분은?

모나 선생님의 토네이도 추적 정보

토네이도를 추적한다고? 허락을 해야 될지 잘 모르겠는걸. 굳이 끝까지 따라가서 보고야 말겠다고 바보같이 우기는 사람이 있다면 말리지는 않겠지만 준비를 단단히 해야 해. 다음에 소개하는 내용은 토네이도가 여러분을 따라잡기 전에 발견할 수 있도록 도와 줄 수 있을 거야.(그런데 가능하면 다른 취미를 갖도록 해 볼래? 가령, 번지점프나 스노우보드 같은 것도 아주 신난다던데. 그리고 그것들은 비교적 안전하단 말씀.)

정보 1

출발하기 전에 그 지역에 대한 정보와 자세한 지도를 준비할 것. 훌륭한 가이드(인간) 없이는 절대 출발하지 말 것. 내가 데려 가면 좋겠지만, 선생님은 정신나간 사람이 아니라서 미안하다! 혹시 비상 사태를 대비해서 휴대 전화를 갖고 가라. 그리고 다른 사람도 함께 갖고, 아니, 함께 가면 좋겠지만.(그렇게 바보 같은 사람이 어디 있겠니?) 혼자 가게 되면 만약 문제가 생겨도 도와 줄 사람은 아무도 없는 거야. 명심해!

정보 2

자동차를 타고 하루에 800km를 가게 될지도 몰라. 그러니까 여행을 위해서 편안한 차가 필요하겠지.(차 안에서 잠을 자야 할 테니까.). 그래, 차를 타고 가다가 번개를 만나면 위험할 수도 있지만. 나오지 말고 차 안에 있으면 별일 없을 거란다.(아직도 가고 싶니?)

정보 3

토네이도는 언제 갑자기 닥칠지 몰라. 그러니까 출발하기 전에 토네이도에 대해 철저히 알 필요가 있어. 알아보기 쉬운 토네이도도 물론 있지. 보기에 딱 깔때기 모양이거든. 그런데 어떤 것은 아주 헷갈려. 모양이 아주 불확실하거든. 그냥 소용돌이치는 먼지 덩어리 같단 말야.(자다가 바로 일어났을 때 헝클어진 머리카락처럼.) 구름이나 언덕, 나무 뒤에 몰래 숨어 있기도 해. 그러니까 눈 똑바로 뜨고 있어야 한다.

토네이도가 가장 거칠고 사나운 자연 현상이라고 생각할지 모른다. 물론 토네이도가 지나는 길은 아주 거칠고 위험하다. 그런데 그게 전부는 아니다. 이제 곧 토네이도보다 더 야만적이고 사나운 바람을 만나 보자. 자, 다음 장으로 출발! 어쩌면 머리카락이 쭈뼛 설지도 몰라….

허리케인을 찾아서

허리케인을 부르는 이름은 여러 가지이다. 대서양 부근에서는 허리케인(hurricane), 태평양 일대에서는 태풍(typhoon), 인도양 부근에서는 사이클론(cyclone), 호주에서는 윌리윌리(willy-willy). 뇌우와 토네이도는 저리 가라! 지구상에서 가장 위험한 폭풍, 허리케인이 나가신다! 허리케인의 파괴력은 다른 폭풍들이 모두 합심하여 일으킬 수 있는 것보다 훨씬 크다.

허리케인은 무엇일까?

허리케인은 따뜻하고 습기가 많은 바다에서 태어난다. 카리브해 해안처럼 열대성 기후의 바다가 좋은 예이다. 허리케인은 하루 20억 톤 가량 되는 습기를 빨아들인 후, 그 습기를 모두 비로 내뿜는 것이다. 그래서 허리케인은 열대성 해양 쪽에서 대륙 쪽으로 불며 엄청난 폭우와 폭풍을 불러온다.

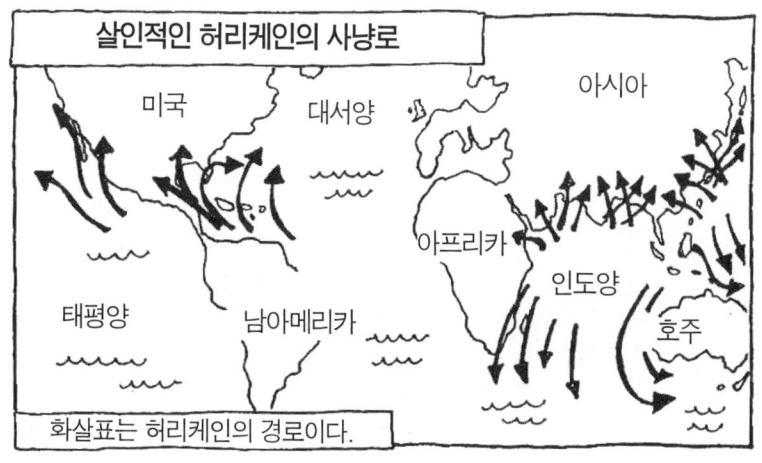

허리케인 안에서는…

1. 태양열로 더워진 바다가 공기의 온도를 높인다. 덥고 습기 찬 공기는 빠르게 상승하고….
2. 바다 표면에는 저기압이 형성된다. 찬 공기와 더운 공기의 이동이 빨라지면서 회오리가 생기기 시작한다.
3. 지구의 자전으로 인해('코리올리 힘'을 기억하나? 46페이지를 보라.) 상승하는 공기가, '태풍의 눈'이라고 불리는 회오리 중앙의 둘레를 돌면서 회오리치게 된다.
4. 상승하는 공기는 차가워지고 응축하면서 격렬한 뇌운과 폭포 같은 비를 만든다.
5. 허리케인은 무섭게 회오리치며 어딘가로 향한다. 안녀어엉—!

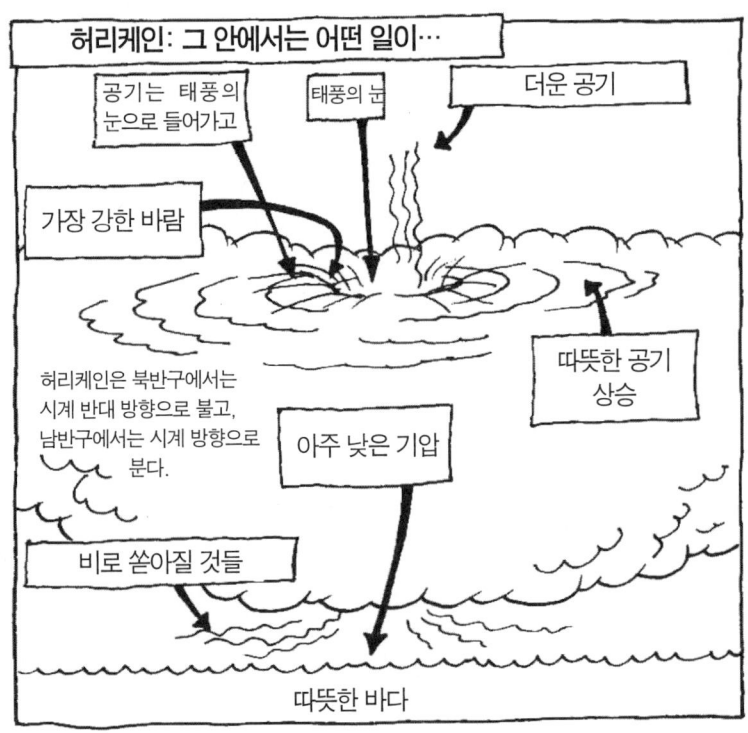

나는 뭐든지 다 날린다!

미국에서는 허리케인의 등급을 1에서 5까지 정해 놓았어. 이는 속력, 기압, 피해 정도에 따라 정한 거야. 등급 1은 그렇게 피해가 크지 않은 온순한(?) 허리케인이야. 하지만 2, 3 그리고 등급 5까지 이르면 엄청난 규모의 재앙이 올 수 있지. 이 죽음의 바람은 자신이 하고자 하는 재앙은 뭐든 다 불러올 수 있어.
그러니 멀리 피해 있어야 해!

대서양 일대의 대기에는 1년에 폭풍 100개가 커다란 허리케인이 될 준비를 하고 있어. 하지만 안심해도 돼. 그 중에서 실제 허리케인이 되는 것은 6~7개 정도니까. 휴! 세계적으로 연간 열대성 폭풍 35개 정도가 허리케인의 상태에 이르지. 그런데 이들은 불어오는 시기가 정해져 있어. 7월과 10월 사이에는 대서양이나 북태평양 지역에서 부니까 가까이 가지 않는 게 좋겠지. 바로 그때가 바다가 27도에 이르면서 더워질 때거든. 남반구, 호주 너머는 11월에서 3월까지 계속 폭풍의 계절이야. 그러니까 그곳의 바다를 여행하려면 4~5월이나 6월이 안전할 거야.

과학자들은 태어난 지 얼마 안 된 어린 허리케인을 '묘목'이라고 불러. 좀 이상하게 들리지? 허리케인은 처음 뇌우의 작은 송이들로 태어나. 그리고 바다를 건너 수천 km를 지나다가 딱 맞는 폭풍으로 '피어나는' 거지. 피어난 허리케인이 큰 돌풍으로 변하는 데는 시간이 걸려. 하지만 낮이건 밤이건 한 일주일 정도 같은 속도를 유지하며 계속 나아간단다. …그럼 허리케인이 덮치기 전에 도망칠 시간은 있는 거로군!

요건 몰랐지

허리케인은 매우 쓸모가 있다. 중간 크기의 허리케인이 불 때의 에너지는 핵 폭탄보다 더 크다. 하루 동안 불어닥친 허리케인의 에너지를 전력으로 바꾸면 미국이 6개월 동안 쓰는 전력과 맞먹는다. 생각만으로도 신이 나는 일이군! 얼마나 절약되겠는가! 그런데 단점이 하나 있다. 그것은 아무도 그 전력을 어떻게 얻을 수 있는지 방법을 알지 못한다는 거야. 여러분이 허리케인으로부터 전력을 얻어내겠다고? 흠, 글쎄….

태풍의 눈

회오리바람의 중앙에는 압력이 급강하하는 원형 지대가 있다. 보통 크기가 6~60km 정도 되는 이곳이 바로 '태풍의 눈'이다. 태풍의 눈 속으로 들어간다면? 생각만 해도 소름끼치는 일이다. 하지만 대담한 지리학자들은 용감하게 그 속으로 향했다. 특별히 제작된 허리케인 추적 항공기를 타고서. 그런데 그들은 왜 그런 위험을 무릅썼을까? 허리케인이 얼마나 강한지 그리고 어느 곳으로 향할지 정확히 알 수 있는 방법이 그것뿐이었기 때문이다.(레이더나 기상 위성으로 추적하기도 한다.) 이로써 사람들에게 신속한 경보를 알려 줄 수 있을 것이다. 그것은 아주 위험한 일이지만 아슬아슬한 모험을 즐긴다면 신났을지도 모르지….

드디어 대담한 조종사들이 태풍의 눈 속으로 향했고 태풍의 한가운데를 똑바로 보고 말았다!

'태풍의 눈' 속으로

미국의 미시시피 주, 빌록시에 있는 케슬러 항공 기지. 콜만 중위는 사전 확인을 모두 마쳤다. "우리가 타게 될 '헤르쿨레스'는 아주 강한 항공기이다. 2년 동안 실종된 적이 한 번도 없다. 그런데 다른 팀에서 1947년 이래 실종 사고가 세 번 있긴 있었다. 만약 대양에 불시착해야 하는 상황에 처한다면 구명복은 필요 없다. 살아

날 확률은 거의 제로란 말이지. 자, 잘해 보자. 행운을 빈다."
 그리고 한 시간 뒤, 1977년 9월 2일 자정이 조금 지난 시각. 커다란 헤르쿨레스 WC-130은 탑승을 모두 마쳤다. 탑승원은 미 공군의 920번째 기상 탐사팀이었다. 이 '폭풍 추적자들'의 임무는 거센 허리케인의 중앙으로 비행해 들어가는 것!
 멕시코만을 넘어 거세게 소용돌이치는 허리케인 '아니타'는 몇 년 만에 가장 포악한 폭풍이었다. 그리고 그 힘이 꾸준히 자라고 있었는데, 언제 살인마로 변할지 모를 일이었다. 이들 탐사팀이 아니타 추적에 돌입하고 있을 때, 마이애미에 있는 허리케인 국립 관측소에서도 열심히 아니타를 추적하고 있었다. 헤르쿨레스는 아니타의 눈 속으로 들어가서 낙하산 한 대를 떨어뜨릴 것이다. 이 낙하산에는 금속 실린더가 묶여 있는데 폭풍 속의 기압, 기온, 습도를 측정하기 위한 것이다. 이 실린더의 이름은 '투하 라디오존데'이다. '라디오존데' 안에 있는 라디오 송신기가 탐사팀이 타고 있는 항공기로 데이터를 보낼 것이다. 계획은 그랬다.

새벽 1시, 커다란 비행기는 활주로를 지나 칠흑같이 검은 하늘로 날아갔다. 그리고 거의 두 시간 뒤, 하늘과 바다 사이에서 번개 불빛이 번쩍이기 시작했다. 이는 허리케인에 가까이 왔다는 신호이다. 그들은 죽음의 종착지에 다다른 것처럼 모두 긴장했다.

"모두 몸을 가죽끈으로 단단히 묶어라. 기체가 심하게 흔들릴 것이다. 장비들도 아래에 단단히 묶었는지 확인해라. 이제 거의…."

그리고 몇 분 뒤, 비행기는 번개와 폭우로 인해 마구 흔들리기 시작했다. 대장의 목소리가 탁탁거리며 끊겼다. 온통 바람 소리와 비 소리로 귀가 멍멍할 정도였으니까. "바로 앞에 '눈'이 있는 것 같다. 그런데 비가 너무 와서 레이더에 잡히는 걸 도저히 볼 수가 없다. 앞으로도 더 험한 길을 지나야 할 것이다. 컴퓨터에 무엇이 나타났나 확인해 보겠다. 이런, 놓쳤는걸. 다시 한번 해 보도록 하자."

헤르쿨레스는 한 시간이 넘도록 허리케인 속으로 들어갈 길을 찾으려 애썼다. 그러나 몰아치는 바람과 비로 인해 진로가 차단됐다. 마치 폭풍이 그들의 진입을 막으려 애쓰는 것 같았다. 새벽 4시가 다 돼서야 대장의 목소리가 다시 들렸다. "잠깐 기다려라. 앞에 뭔가가 나타났다. 구멍 같이 보이는데…." "모두 단단히 묶어요? 비행기가 심하게 덜컹거릴 테죠?" 긴장한 조종사가 따져 물었다. 하지만 대장의 대답은 이랬다. "우린 융단 속의 벌레처럼 아늑할 것이다."

조종사의 말이 옳았다. 갑자기 무거운 비행기 몸체가 부서질 듯 심하게 덜컹거리는 게 아닌가. 긴장의 순간이 흐르고…. 조종사는 침착하게 허리케인 속으로 비행기를 조종해 갔다. 그들을 기다리는 것은 허리케인의 '눈' 바로 밖에 있는 '구름벽'이었다. 아주 세고 날카로운 바람이 느껴졌다. 비행기는 사나운 파도를 헤치듯 조심조심 나아갔다. 거센 기류 속에서 비행기는 마치 가벼운 깃털처럼 마구 흔들렸다. 비는 마치 두터운 검은 구름에서 구멍이 난 듯 쏟아지고 있었다. 악몽과 지옥이 따로 없었다.

탐사팀원은 모두 숨을 죽였다. 그런데 갑자기 사방이 고요해지는 것이 아닌가. 그리고 목소리가 선명하게 들렸다. "이제 됐다. 우리는 '눈' 속으로 들어온 것이다. 22km쯤 돼 보인다." 그들은 해낸 것이다.

'눈' 속에 들어간 탐사팀은 폭풍의 위치를 측정할 라디오존데를 띄우는 일에 착수했다. 라디오존데에서 읽은 데이터는 마이애미에 있는 허리케인 관측소로 보내질 것이다. 임무를 완성할 시간은 45분밖에 안 남았다. 그리고 다시 '눈' 에서 나와야 한다. 호령하는 바람과 폭우를 뚫고서.

'눈' 속에서 밖으로 나오는 일은 훨씬 더 힘들었다. 결국 오전 9시, 비행기는 느릿느릿 기지로 돌아올 수 있었다. 비행기가 마구 흔들렸지만 안전하게 케슬러 기지에 도착한 것이다.

다행히도 허리케인 '아니타' 는 그들의 추적을 허락했다. 목숨을 건 '폭풍 추적' 을 성공적으로 해낸 것이다. 그들의 노고는 허리케인에 대한 경고의 가능성을 열어 주었다. 특히 폭풍이 지나는 지역에 사는 사람들에게 아주 좋은 소식이었다. 탐사팀은 평생 잊지 못할 여행을 한 것이다.

허리케인의 중앙 '태풍의 눈' 속에 도착하면 갑자기 주변이 변하는데 왜 그럴까? '태풍의 눈' 속에는 날씨가 어떨까?

a) 거칠고 바람이 분다.
b) 얼음이 얼고 안개가 껴 있다.
c) 조용하고 밝다.

허리케인 이름 짓기

허리케인이 발견되면 나중에 다른 허리케인과 혼동되지 않도록 바로 하나씩 이름을 붙여야 한다. 이름은 알파벳 순서로 목록에서 따오는데, 새로운 이름이 매년 한 개씩 만들어진다.

허리케인의 이름을 짓는 일은 1890년 호주의 기상 예보관 '클리먼트 뢰이지'에 의해 시작됐다. 그의 주변에는 그를 시기하고 싫어하는 사람들이 많았다. 그는 사람들과 잘 다퉜는데 특히 거만한 정치인들과 갈등이 심했다. 그가 보기에 정치인들은 고집 세고 비합리적이었다

그는 그런 정치인들에게 편지를 써서 잘못된 점을 지적했다. 국가의 일을 하는 그들에게 도움이 될 것이라고 믿고서. 그러나 정치인들은 별로 관심을 두지 않았다.

"뢰이지 씨, 흥미 있는 편지들 감사합니다. 하지만 저희는 너무 바쁜 관계로 편지를 읽을 수 없습니다. 죄송합니다." 답장을 본 그는 몹시 화가 났다. 그리고 복수하기로 결심한다.

그런데 어떻게 복수를 하나? 가장 악덕하고 기분 나쁜 것은 무엇일까? 그는 한참 고민했다. 아, 생각났다! 가장 비열하고 가장 포악한 것! 그것은 바로 허리케인이었다. 그는 허리케인의 이름에 마땅치 않은 정치인들의 이름을 붙이기로 했다. 과연 그는 누가 가장 맘에 들지 않았을까?

뢰이지가 폭풍에 사람 이름을 붙인 뒤, 20세기에는 폭풍에 이름을 붙이는 체계가 굳어지게 되었다. 그것은 어떤 미국인 라디오 기술 담당자의 휘파람 소리에서 시작된다. 제2차 세계대전 중이었다. 폭풍에 대한 뉴스를 전하던 그의 동료가 그 휘파람 소리를 들었다. 뉴스를 전하는 중에 들려오던 작은 휘파람 노래는 '솔솔 부는 산들바람, 루이즈에게 속삭이네.'였다. 폭풍은 그 자리에서 루이즈라는 이름이 붙었다.

그리고 이 일이 있은 뒤, 태풍에 여자 이름을 붙이게 된다. 대체로 기상 예보관의 아내나 여자친구의 이름을 붙였다. 그러나 사람들이 불만을 표하자 남자의 이름도 목록에 올리기 시작한다. 그리고 특별히 큰 피해를 불러온 허리케인의 이름은 목록에서 뺀다. 다시 그 이름이 쓰이지 않게 하기 위해서이다. 앤드류, 캐롤, 플로라, 클라우스는 단 한 번 붙은 이름들이다. 지금 여러분의 머릿속에도 허리케인에 붙일 이름이 떠올랐는가? 음, 여러분이 좋아하는 지리 선생님의 이름은 어떨까?

하지만 그런 허리케인의 이름이 나쁜 영향을 불러올 수도 있다. 이름이 너무 평이하고 또 협박적이지 않기 때문이다. 허리케인이 끼치는 엄청난 혼란과 파괴력을 경고하지 못한다는 것이다. 미국을 강타했던 가장 흉측한 허리케인의 이름도 그것이 저지른 참상과는 어울리지 않는 귀여운 이름이었다. 카밀. 이제, 죽음의 허리케인 '카밀'을 만나 보자.

1969년 8월 – 미국 미시시피 주, 파스 크리스티안

1969년 8월 17일, 미시시피 해안가에 사는 사람들은 집을 보수하거나 내륙으로 피신을 간다거나 해서 아주 바빴다. 거대한 허리케인 경보가 있었기 때문이다. 바로, 허리케인 카밀! 전문가들은 카밀의 등급을 '극도로 위험한 태풍'으로 정했다. 그런 태풍이 그 지역을 향해 불어오고 있었던 거다. 경고된 그 날, 내륙으로 향하는 도로는 교통 혼잡으로 꽉 막혔다. 라디오와 텔레비전 방송국은 앞다투어 경고 방송을 내보냈다. 경찰과 시 관계자는 사람들에게 대피 경보를 급히 발령했다. 도시는 온통 긴박감으로 술렁였다.

그러나 빨리 피신하라는 긴급 경보를 무시한 사람들도 있었다. 오히려 그들은 저녁에 대단한 일을 계획하고 있었다.

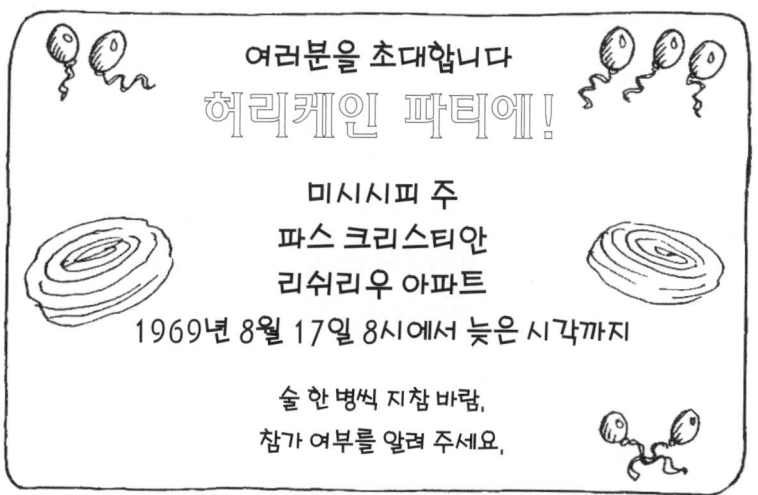

다른 사람들이 긴급히 마을을 빠져 나오고 있을 때, 이 부유한 아파트에 사는 주민들은 '허리케인 파티'를 준비하고 있었다. 높은 아파트에서 허리케인 '카밀'을 구경하자는 것이었다. 파티를 준비한 사람은 음식을 차려놓고 친구들을 초대했다. 친구들과 함께 허리케인을 구경하면 아주 재미있을 것 같았다. 설마 해안의 폭풍이 그곳까지 불어오리라고는 생각하지 못했다. 멀리서 폭풍을 지켜볼 수 있으리라고 안심했던 그들. 그러나 예상은 빗나갔다. 카밀은 마지막에 동쪽에서 서쪽으로 진로를 바꾸었다. 그리고 '파스 크리스티안' 해안가를 강타했다. 밤 10시 30분, 허리케인 파티가 한참 고조에 달할 때였다. 카밀은 사람들이 겁 없이 모여 있는 그 파티장으로 향했다.

리쉬리우 아파트의 위치는 거친 폭풍이 지나는 길 위였다. 게다가 폭풍으로 인해 거대한 파도가 칠 수 있는 곳이었다. 결과는 끔찍했다. 아파트는 폭풍 속에 사라지고 앙상한 콘크리트 바닥만 남았다. 초대됐던 24명 중 생존자는 단 한 사람. '메리 앤 걸라취' 부인이었다. 그녀는 그 날의 참상을 이렇게 전했다.

폭풍이 쳤을 때 그녀는 남편과 함께 파티에 갈 준비를 하고 있었다. 이전에도 허리케인 파티에 참석한 적이 있었기 때문에 이번 파티도 기대됐다. 그런데 애석하게도 이번에는 참석하지 못하게 되어 버렸다. 남편과 파티에 가기 위해 나가려는데 거대한 파도가 2층 거실의 창문을 마구 두드렸다.

그녀는 이렇게 말했다. "우리는 침실로 들어갔어요. 몇 분 뒤에 창문을 치는 끔찍한 소리가 들렸죠. 우리는 문을 어깨로 밀어 물이 들어오지 않도록 했어요. 하지만 5분쯤 지나자 침대가 바닥과 천장 사이에 뜨고, 건물이 보트처럼 둥둥 떠다니는 것 같았어요. 난 이제 죽었구나 했습니다."

그녀는 간신히 창문 밖으로 헤엄쳐 나왔다. 튜브 대신 베개를 손에 꼭 쥐고서. 밖에서 그녀는 전화선에 걸렸고 다행히 그 줄에 단단히 묶였다. 뒤를 돌아보자 남편이 물결 속으로 사라지는 게 보였다. 그리고 다시 떠오르지 않았다. 공포에 떨던 그녀는 리쉬리우 아파트가 거세게 휩쓸려 무너지는 것을 똑똑히 보았다.

그리고 자신을 묶고 있던 전선을 풀어 버릴 수 있었다. 그러자 그녀는 바로 물결에 휩쓸렸다. 바람은 시속 320km로 불었다. 바람이 너무 강해 그녀는 거의 숨을 쉬기가 힘들었다.

"커다란 나무와 파편 조각들이 내 위를 휙휙 지나고 있었어요. 바람이 너무 강해서 그것들을 잡으려고 해도 손에서 빠져 나가고 말았죠. 내 옆에는 집과 나무들이 둥둥 떠다니고 있었어요. 그리고 거센 바람에 휩쓸려 내 몸이 2층집 위로 휙 날아가기도 했죠. 하여간 아무리 둘러봐도 온통 물뿐이었습니다."

그녀는 해안에서 거의 8km나 휩쓸려 떠내려갔다. 그리고 높은 나뭇가지 위에서 그 다음날 아침을 맞았다. 새벽에 잠깐 의식을 잃었지만 이내 깨어났다. 사람들이 외치는 소리가 들렸다. 눈을 떴을 때 그녀는 나뭇가지에 껴 있는 해골을 보았다. 근처 묘지에서 떠내려온 것이다. 등골이 오싹했다. 참을 수가 없었다.

그러나 지옥 같은 시간이 끝나고 마침내 그녀는 사람들에게 발견돼 병원으로 옮겨졌다. 그녀는 이렇게 말했다. "이제 허리케인 경고가 있으면 다른 사람들과 함께 빨리 빠져 나올 거예요." 너무 가혹한 교훈이었지만 그녀는 살아남은 것이다.

파티에 갔던 사람들은 모두 죽었다. 익사하거나 무너진 건물의 잔해에 깔려서. 허리케인 카밀은 공식적으로 등급 5에 분류됐다. 그로 인해 모두 258명이 숨졌고 68명이 실종된 것으로 보고됐다. 피해액은 1조 파운드로 추정되었다. 살인마 카밀은 미국을 강타한 가장 악독한 폭풍 중 하나로 기록되었다.

아, 얄미운 폭풍

허리케인이 지나가는 길을 추적했다고 해도 안심할 수는 없다. 갑자기 경로를 바꿀 수도 있기 때문이다. 무시무시한 허리케인은 전혀 예상하지 못하고 모두 안심하고 있을 때, 그 진로를 바꿔 공격한다. 호주의 다윈에 사는 사람들도 그랬다. 1974년 크리스마스에 허리케인의 일종인 사이클론 '트레이시'가 마을을 강타해 모든 걸 산산조각내고 50명의 목숨을 앗아갔다. 그곳은 해안에서 한참 떨어져 있어 안심할 수 있다고 여겼던 곳이었다.

그렇다면 허리케인을 추적하여 막을 수 있는 방법이 전혀 없는 것인가? 아니다. 적어도 기상학자들은 그 방법을 찾아내려고 계속 노력하고 있다. 그리고 여러 가지 현대 기구와 장치들, 항공기나 기상 위성 등으로 폭풍 예보는 점점 좋아지고 있다. 인명 피해를 줄이려면 더 빠른 경보가 필요하다. 그러나 폭풍을 한 발자국이라도 따라잡는 일은 그리 쉽지가 않다.

자나깨나 폭풍 관찰

날씨를 연구하는 과학자를 기상학자(meteorologist)라고 한다. 그러면 기상학(meteorology)은 날씨와 어떤 관련이 있는 걸까? 그 어원은 고대 그리스어에서 찾을 수 있다. 기상학은 유성(meteor-별똥별 또는 운석이라고도 한다.)을 연구하는 학문이었다. 고대 그리스 사람들은 유성이 폭풍을 일으킨다고 생각했다.(그리고 폭풍을 일으키는 유성이 흙, 공기, 불, 물로 이루어졌다고 믿었다. 사실 그리스 사람들은 우주의 모든 것이 그 네 가지 성분으로 되어 있다고 믿었다!) 하지만 유성은 혜성에서 떨어져 나와 우주를 날아다니는 돌덩어리일 뿐이다. 게다가 날씨와는 아무런 관련이 없다! 그러나 지금도 기상학과 기상학자를 가리키는 이름은 변하지 않고 그대로 쓰인다.

기상학의 발전

기상학의 선구자는 아리스토텔레스라 할 수 있다. 그는 여러분도 잘 아는 소크라테스의 제자이다. 기원전 340년 즈음, 그는 날씨에 관한 책을 처음 썼는데, 그것을 '기상학(meteorologica)'이라 불렀다. 모두 옳은 것은 아니었지  만 사람들은 거의 2,000년 동안 그의 생각을 믿었다.

그리고 16세기에 들어 과학에 획기적인 변화가 일었다. 지리학자들은 날씨에 관한 실험을 실제로 하기 시작했다. 그저 하늘만 바라보던 것에서 벗어나서 말이다. 또한 그들은 날씨와 기후를 측정하고 기록하는 새로운 기구를 발명했다. 토리첼리 기억하나? 그가 이즈음 기압계를 만들었으며 그의 지리 선생님이었던 갈릴레오 갈릴레이가 온도계를 발명했다.

1944년 미국인 사뮤엘 모르스가 전신을 타전해서 메세지를 전하는 방법을 발명하자, 19세기가 끝나갈 즈음에는 전신을 타전하는 선이 큰 도시들 사이에 연결됐다. 심지어 유럽과 미국 사이를 오갈 수도 있었다. 그런데 도시 사이에, 혹은 국가 사이에 전신이 오갈 수 있다는 것이 날씨와 무슨 관계가 있을까?

미국에 살고 있는 사람이 영국에서 폭풍이 불고 있음을 안다고 해도 멀리서 전해 줄 수 없다면 무슨 소용이 있겠는가? 그러니 전신 수단의 발달은 기상 예보와 아주 밀접한 관계에 있다고 할 수 있다.

우리도 기상학자가 될 수 있을까?

현재 전세계의 기상학자는 수천 명에 이른다. 이들은 날씨와 기후에 대해 연구하는 사람들이다. 물론 여기에는 사람들에게 큰 피해를 입히는 폭풍에 대한 연구와 관찰도 있다. 이들의 연구가 좋은 성과를 얻을수록 피해를 줄일 수 있다. 지금 이 시각에도 이들은 폭풍과 허리케인이 어디에서 발생하고 어디로 향할지 끊임없이 관찰한다. 하지만 기상학이란 아주 정확한 과학이 아니다. 이는 정확하지 않은 예보로 인해 사태가 잘못될 수도 있음을 뜻한다. 그렇다고 기상학자들을 탓할 수는 없다. 날씨는 예측을 뒤엎고 추적을 피하는 데 선수이기 때문이다.

그런데 기상학자가 되려면 무엇이 필요할까? 폭우와 천둥, 번개를 불러오는 폭풍을 관찰하는 것만이 그들의 일일까? 우선 다음의 간단한 질문에 대답해 보자.

1. 수학을 잘 하나?
2. 컴퓨터를 잘 하나?
3. 시력이 좋은가?

세 가지 질문에 모두 대답이 '네'이면, 축하! 바로 1단계로 진입하라. 기상학은 대부분 긴 계산과 컴퓨터를 통한 작업이다. 수학은 기상학을 하기 위해서는 필수 조건이다. 복잡한 계산을 통해 통계를 내고 그 수치를 작성하는 기상학자가 수학을 못한다면 그 다음으로 나아갈 수가 없다.(기상학자 말고 지리 선생님이 되겠다고? 수학을 못해도 지리 선생님이 될 수 있는지 한번 여쭤 보아라.) 기상학자는 시력도 좋아야 한다. 아무리 고도의 기술을 요하는 장비와 기구들이 있다고 해도, 제일 좋은 관찰은 창 밖으로 하늘을 쳐다보는 일이니까!

기상학 6단계

기상학에 대한 모나 선생님의 설명을 들어 보자.

1단계: 날씨 측정하기

음, 기상 현상을 측정하는 곳은 기상청인데… 기상청에 갈 수는 없으니까 스스로 필요한 측정 기구를 사거나 만들어야겠군. 어떤 것은 아주 비쌀 테니까, 기본적인 것은 스스로 만들도록 하자.

기압을 재는 기압계야. 기압의 단위는 헥토파스칼이고. 공기와 기압에 대해서는 2장 '광활한 대기'에서 자세히 살펴봤었지?

온도를 재는 온도계야. 온도의 단위는 섭씨(°C)와 화씨(°F), 두 가지가 쓰여.(두 가지를 비교해 봐도 좋을 거야.)

기상학자들은 기압계나 온도계 같은 기구들을 나무로 된 상자에 보관해. 이 나무상자는 태양과 바람으로부터 기구를 보호해 주지.

요건 몰랐지

온도를 나타내는 단위 섭씨(°C)와 화씨(°F)는 두 과학자의 성에서 첫 글자를 따와 만들었다. 두 과학자는 바로 가브리엘 파렌하이트 (Gabriel Fahrenheit 1686~1736)와 앤더스 셀시우스(Anders Celsius 1701~1744)이다.

파렌하이트는 1686년 폴란드의 유복한 가정에서 태어났다. 그러나 그가 15살이 되던 해, 불행이 시작된다. 부모님이 모두 독버섯을 먹고 죽고 만 것이다. 졸지에 고아가 된 그는 돈을 벌기 위해 유럽으로 떠난다. 다행히도 그곳에서 좋은 친구들을 만나게 된다.

그 중 한 사람이 덴마크의 과학자 '올라프 로메르' 이다. 늙은 올라프는 온도계를 만드는 데 정성을 기울이고 있었다. 그리고 파렌하이트에게도 연구를 해 보라고 용기를 주었다. 그런데 명석한 파렌하이트는 오히려 올라프보다 더 뛰어났다. 자신만의 온도의 눈금을 생각해 낸 것이다. 얼음의 녹는점, 화씨(°F) 32도에서 시작하여 물이 끓는점은 화씨(°F) 212도에 이른다.

시작점과 끝나는 점이 좀 이상한 듯해도 지금까지 여러 나라에서 화씨를 많이 사용하고 있다. 그러면 그는 명성도 얻고 돈도 벌었을까? 아니다. 그는 돈 한푼 받지 못하고 죽었다. 그래도 그의 이름은 온도계의 단위로 길이 남게 되었다.

앤더스 셀시우스는 멋진 교수였다. 그는 스웨덴 대학에서 천문학을 가르쳤다. 그는 0도에서 시작하여 100도에 이르는 온도 눈금을 고안해 냈다. 이것은 화씨보다 기억하기가 더 쉽다.

컵을 이용한 풍속계는 바람의 속력을 측정하기 위한 거란다. 단위는 km/시간.

다음 페이지에 컵 풍속계를 만드는 방법이 나와 있어. 잘 살펴보렴…

풍속계를 만들어 볼까

준비물:

- 요구르트 병 4개(요구르트는 먹고 병을 잘 씻은 뒤, 좁은 윗부분을 똑바로 잘라낼 것)
- 30cm 정도 길이의 나무 막대 두 개(나무 재질은 가볍고 단단한 것)
- 큰 단추 세 개
- 못 한 개(못을 박을 때는 위험하니 어른의 도움을 받을 것)
- 접착제
- 나무 기둥

만드는 방법:

① 나무 막대 두 개를 접착제를 이용해 십자 모양으로 붙인다.

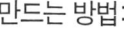

② 요구르트 병 4개를 1번에서 십자형으로 붙인 나무 막대 끝에 각각 붙인다. 이때 반드시 병을 모두 일정한 방향으로 붙일 것.

③ 나무 기둥 위의 중앙에 2번의 십자형 나무와 단추를 대고 구멍에 못을 박는다. 못을 박을 때는 망치를 사용한다.

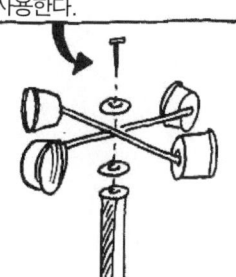

④ 나무 기둥을 바람이 부는 곳에 세워 둔다. 바람이 빠르게 불수록 요구르트 병이 더 빨리 돌아갈 것이다.

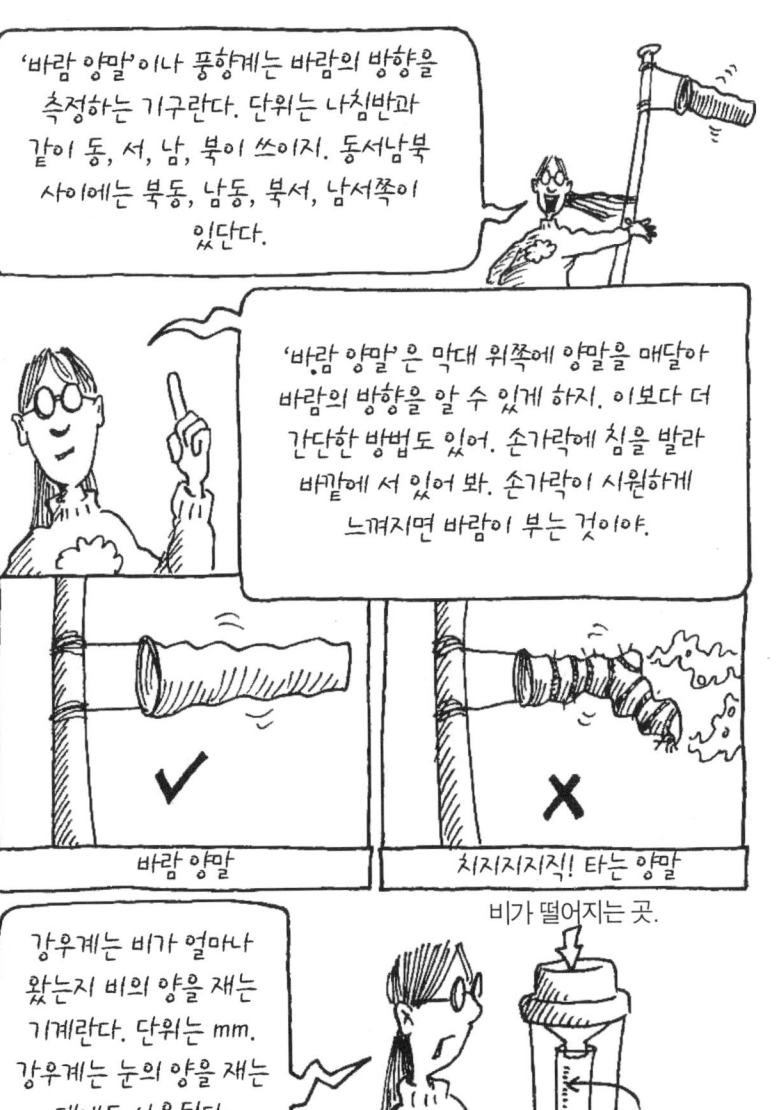

습도계는 습도를 재는 기계이다.
눈금은 섭씨(°C)나 화씨(°F)로
표시되어 있다.

습도계는 온도계 두 개를 붙여 놓은 것과 같아. 한쪽 온도계는 그냥
온도를 측정해. 다른 한쪽 온도계의 수은주에는 젖은 천을 싸놓지.
이것이 공기 중의 수증기를 감지하게 되는 거야. 그리고 두
온도계에서 나온 온도의 차이를 습도환산표로 계산하면 바로 습도가
되는 것이란다. 이때의 단위는 %를 사용하지.

OKTAS

- ○ 맑음(구름 없음)
- ◐ 1 okta (1/8)
- ◔ 2 okta (2/8)
- ◕ 3 okta (3/8)
- ◕ 4 okta (4/8) 흐린 하늘
- ◑ 5 okta (5/8)
- ◕ 6 okta (6/8)
- ◕ 7 okta (7/8)
- ● 8 okta (8/8)
- ⊗ 관측 불가

구름의 양을 계산하려면 대단한 장비가 필요할까? 아니지.
독수리의 눈처럼 매서운 눈이 필요하지. 우선 하늘이 잘 보이는
곳에 서서 하늘을 반으로 잘라 봐. 그 반을 또 반으로
자르고.(하늘을 자르라니? 하하, 물론 머릿속으로 상상하라는
것이야!) 하늘에 구름이 얼마나 덮여 있니? 한 부분? 두 부분?
1과 2분의 1? 구름이 덮인 수치에 2를 곱해. 그러면 답은 여덟
가지로 나타날 거야. OKTAS가 뭐냐고? 이건 아주 전문적인
용어인데 하늘에 구름이 낀 정도를 재는 단위란다.

어떻게 폭풍을 예측할까

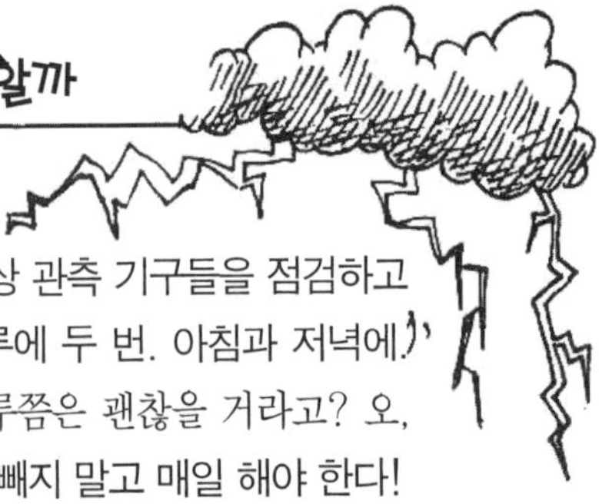

이렇게:

온도계나 풍향계 같은 기상 관측 기구들을 점검하고 결과를 기록한다. 매일. 하루에 두 번. 아침과 저녁에. 주말에도 거르지 말 것.(하루쯤은 괜찮을 거라고? 오, 노!) 1년 365일, 단 하루도 빼지 말고 매일 해야 한다!

아주 많은 사람들이 이렇게 매일매일 관찰하고 기록하고 있다. 전세계에 기상 관측소가 약 7,000개 있다는 사실! 그 중에서 일부는 전문 기상학자들에 의해 운영되지만, 또 일부 관측소에서는 비전문인들도 활약한다. 고도의 기술을 필요로 하는 기상 관측용 인공 위성이나 비행기, 배들도 있다.

관찰한 결과를 가지고:

그러면 관찰한 결과로 폭풍을 예측하는 방법을 알아보자.

다음의 사항들 중 어떤 현상이 발견됐나?
- 기압이 떨어진다.
- 비가 많이 온다.
- 구름이 몰린다.
- 습도가 오른다.
- 바람이 거세진다.

위의 사항들은 같이 일어난다. 가령 비가 많이 오는데 기압이 올라가지는 않는다는 것이다. 이미 그걸 눈치 채고 있었다고? 음, 축하한다. 여러분은 이미 폭풍이 올 것을 예측하고 있었군. 자, 다음은 실내에서 편안하게 창 밖 하늘을 관찰할 차례이다.

2단계: 기상 위성 관찰하기

기상 위성은 상상도 못할 정도로 비싼 기상 관측 기구야. 사실 너무 비싸서 이 기구가 없는 전문 관측소도 많지. 텔레비전이나 사진에서 한 번쯤 본 적 있겠지? 기상 위성은 수천 km 멀리 하늘에 띄워.(하늘에 띄우는 일만으로도 엄청난 돈이 들지.) 위성 텔레비전과 같은 종류라 생각하면 될 거야.
기상 위성에는 카메라가 여러 대 장착돼 있어. 이 카메라에 구름과 폭풍의 모습이 찍히고 그것은 지구 관측소로 보내진단다. 카메라에 찍힌 사진에는 여러 가지 현상들이 있어. 물론 허리케인이 몰려오는 모습도 찍힐 수 있지.

3단계: 레이더 검색하기

기상 위성이 폭풍을 발견하면 레이더가 그 뒤를 추적한단다. 폭풍을 수반하는 폭우가 320km 떨어질 때까지도 추적이 가능하지. 이때 화면에 하얗게 나타나게 돼. 보통 레이더는 비가 오고 폭풍이 부는 지역만 잡아내지만 하이테크 도플러 레이더는 그것이 어디로 향하는지 방향과 경로까지 보여 준단다. 대단하지?

미국의 국립 기상 관측소는 해안을 따라 레이더망을 설치했어. 무시무시한 허리케인과 토네이도를 추적하기 위해서 말야. 허리케인을 추적한다고? 재밌겠지? 도플러 레이더를 살 돈이 있다면 자, 이번 주 특별 판매를 놓치지 말 것!

사라져 버린 토네이도의 경로를 추적하는 데 골치를 썩었다?

꼭 필요한
도플러 레이더
최신 디자인

폭풍이 부는 장소만 안다고? 나는 그것이 어느 방향으로 향하는지도 알지!

도플러
하이테크 고감도 센서 쇼핑 리스트 제1순위!

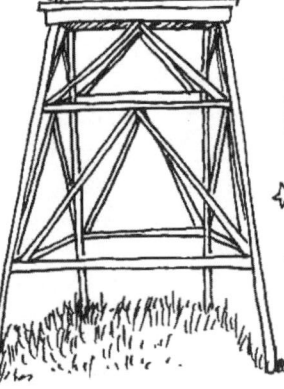

도플러
다른 기구로도 허리케인의 '눈'을 볼 수 있을까요?

도플러 없이 집을 떠나지 마세요.

휴대 가능한 도플러도 있습니다.

개인 비행기나 트럭에 싣기에 간편해요!

1845년 크리스티안 도플러가 발명한 모델에 근거함.

4단계: 컴퓨터에 입력하기

데이터를 얻었다. 그 다음에는? 그 데이터로 뭘 해야 할까? 컴퓨터 천재의 실력을 발휘할 때지. 데이터는 모두 숫자로 바꾸어 컴퓨터에 입력해! 그런데 이 데이터를 입력하는 슈퍼 컴퓨터도 아주 비싸다던데…

…세계 기상학 단체(WMO)도 슈퍼컴퓨터를 두 대 갖고 있을 뿐이야. 미국 워싱턴과 영국 브랙닐에 있는 기상 예보 센터 본부에 각각 한 대 씩 있지. 브랙닐에 있는 컴퓨터는 하루에 3억 6천만이 넘는 데이터를 처리해. 우와! 1초에 800억 문제를 계산하다니! 여러분은 어떤가?

요건 몰랐지

  기상학에 처음으로 수학을 이용한 사람은 영국 과학자 루이스 프라이 리차드슨(1881~1953)이다. 그에게는 계산을 도와 줄 슈퍼 컴퓨터가 없었다. 때문에 기상 예보를 위한 계산에만 꼬박 석 달이 걸렸다. 뭔가 잘못된 게 아닐까? 분명히 시스템에 문제가 있었겠지? 아니다. 슈퍼 컴퓨터 대신 종이에 일일이 그 많은 계산을 해야 했기 때문이다! 계산을 도와 줄 사람이 64,000명이 필요했다나! 모두 하다 말고 기권했지만! 1945년에 전자 계산기가 발명됐을 때 그는 얼마나 기뻤을까?

5단계: 일기도 그리기

겁먹지 마라. 그림을 잘 그려야 하는 건 아니니까. 컴퓨터한테 맡기면 돼. 컴퓨터에 데이터를 입력하면 컴퓨터가 알아서 일기도에 기록하거든. 우리는 시간마다 변화하는 사항을 수정하고 확인만 하면 돼. 컴퓨터는 지구를 격자무늬 형태로, 잘게 나누어서 세부 사항까지 기록할 수 있어. 텔레비전이나 신문에서 보는 일기 예보도는 훨씬 간단하게 만든 것이야.

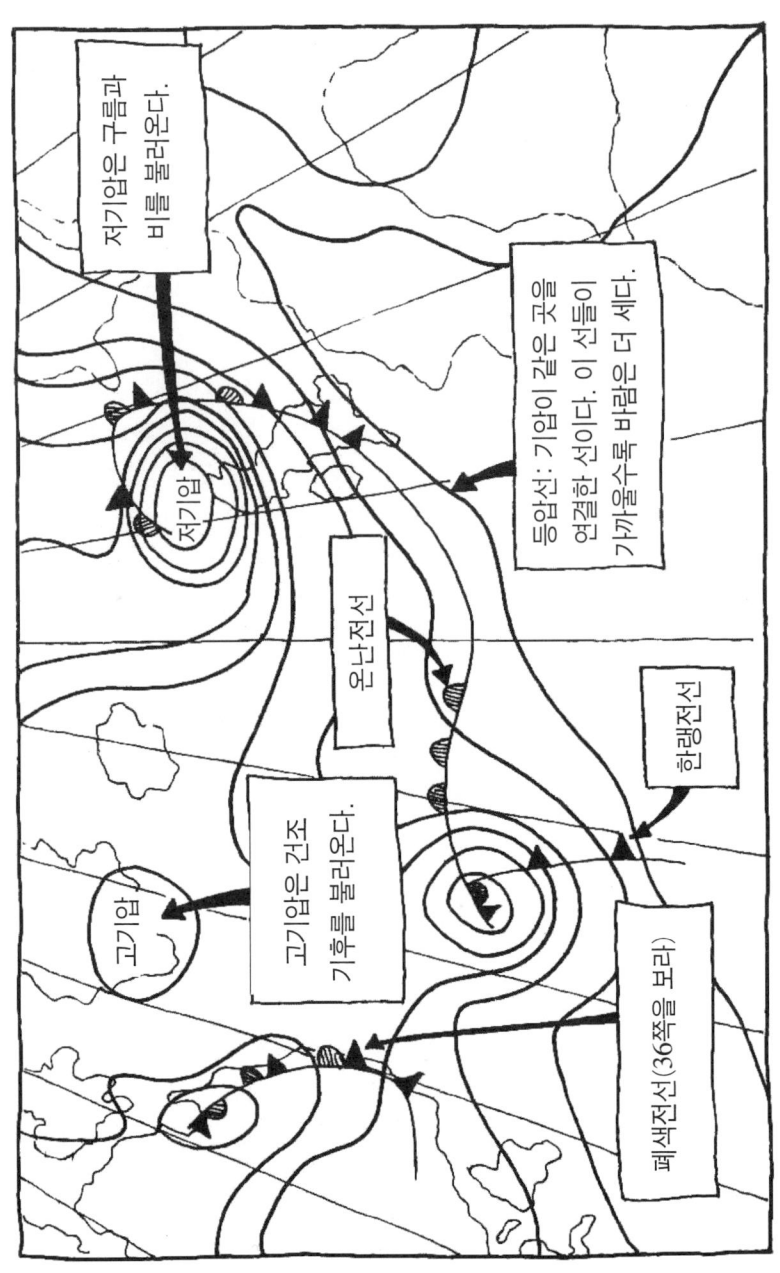

6단계: 일기 예보를 하려면 용기가 필요하다

기상학자들은 날씨가 어떨지 알기 위해 지도를 사용해. 그 지도 위에 변화하는 것들을 모두 기록하지. 컴퓨터가 편리하게 기상 예보를 해 줄 수도 있지만 계속 보면서 맞는지 확인하는 것은 사람이 스스로 해야 해. (맞는지 안 맞는지는 어떻게 안담?) 그런데 컴퓨터가 정확한지 알려면 며칠을 지켜봐야 하는데, 며칠 뒤에 잘못된 예보를 수정한다면 어떻게 되겠니? 물론 나중에야 맞는지 틀리는지 확인은 되겠지만 늦은 일기예보는 아무 소용이 없어. 따라서 기상학자들은 신속히 확인하고 가능한 한 빠르게 예보해야 돼. (3일 뒤까지도 예보가 가능하지.) 현재 정확도는 86%야. 7번이면 6번은 맞는다는 건데…. 나쁘지 않지? 그보다 느린 일기 예보는 정확도가 더 떨어진단다. 하지만 여러분이 하는 예보가 너무 느리고 자꾸만 틀린다고 걱정하지는 마. 전문기상학자도 실수하거든. 그것도 아주 심하게 말야.

영국의 남부, 1987년 10월 16일

1987년 10월 15일 밤, 영국은 강력한 폭풍의 습격을 받았다. 그렇게 사나운 폭풍은 거의 300년 만에 처음이었다. 그 지역의 날씨는 대체로 온화한 편인데…. 기상학자들도 모두 놀란 아주 기이한 현상이었다. 시속 160km가 넘는 속도로 폭풍은 으르렁거렸다. 지옥 같은 4시간이었다. 그런데 놀랍게도 목숨을 잃은 사람은 19명뿐이었다. 이는 다행히도 폭풍이 닥친 시간이 밤이었기 때문이다. 사람들은 집에서 잠을 자고 있었고 거리는 한산했다. 만약 폭풍이 몇 시간이라도 더 일찍 불었더라면 사상자는 훨씬 많아졌을 것이다.

10월 16일 아침, 잠을 자고 일어난 사람들은 자신들 앞에 벌어진 일을 믿기 어려웠다. 폭풍이 몰고 온 피해는 엄청났다. 피해액은 총 1조 5천억 파운드에 달했다. 나무 1,900백만 그루가 뿌리째 뽑혔다. 이들 나무는 대부분 차나 집 위로 쓰러져서 연쇄 피해를 불러왔는데, 여섯 집 중 한 집이 피해를 입었다. 창문이 깨지거나 지붕이 날아갔다. 전화선 15만 회선이 나갔고 700만 명이 전기를 쓰지 못했다. 가게 수백 개와 학교가 문을 닫았다. 런던으로 들어가는 도로가 차단되어 그 도시는 거의 고립된 상태였다.

그런데 마지막 몇 분까지도 기상학자들은 사태를 알지 못했다. 걱정하던 한 여자가 기상청에 전화를 걸어 폭풍이 얼마나 심한지 물었을 때도 걱정하지 말라는 대답뿐이었다. 그리고 기상학자는 텔레비전에 나와 이렇게 말했다. '허리케인은 오지 않습니다.' 그때까지 영국에는 허리케인이 한 번도 불지 않았던 것이다.

그러면 기상학자들은 왜 잘못 생각한 것일까?

영국에 발생한 폭풍은…

1. 1987년 영국의 남부를 습격한 이 폭풍을 사람들은 허리케인이라고 한다. 그런데 사실, 정확히 말하자면 허리케인은 아니다. 허리케인은 열대성 폭풍인데, 영국은 그 영향권에서 멀다. 그러나 영국을 습격한 폭풍이 허리케인의 힘으로 불어온 것은

사실이다. 시속 119km가 넘는 이 폭풍은 머리카락이 쭈뼛해질 정도로 무서웠다.

2. 이 폭풍은 프랑스와 스페인 일대의 대서양 해안 너머 '비스케이 만'에서 시작됐다. 그곳은 영국에서 아주 먼 곳으로 허리케인이 불 수 있는 곳이다. 그런데 예상치 못한 일이 일어났다. 허리케인 '플로이드'(미국 플로리다 주 해안을 강타했다.)와 관련된 따뜻한 공기가 대서양을 건너다가….

3. …'비스케이 만'에서 시작된 폭풍을 부채질한 것이다. 미국의 기상학자들의 말에 의하면 이때에 폭탄처럼 터진 것이었다. 폭탄은 예측할 수가 없다. 어떤 것은 조용히 사라지기도 하지만, 또 어떤 것은 요란한 폭발음을 내면서 터져 버린다. 영국에서 만난 두 폭풍은 어떻게 되었을까? 힘을 합해 힘차게 영국으로 향했다.

4. 대서양 너머에서 불던 폭풍이 북상하기 전에 기상학자들은 그쪽에서 폭풍이 시작되었음을 알고 있었다. '비스케이 만'에 있던 배들은 모두 피신했다. 그리고 기상청의 배들도 모두 나와 버렸으니 기상청은 폭풍 소식을 들을 길이 없었다. 대서양에는 배가 한 척도 남아 있지 않았다. 그래서 영국의 기상학자들도 폭풍이 북상하고 있다는 경보를 들을 수 없었던 것이다.

5. 그로부터 2년이 지난 1990년 1월 25일. 또 다른 거대 폭풍이 영국을 강타했다. 이번에는 46명의 목숨을 앗아갔다. 이전

보다 경보는 신속했지만, 여전히 폭풍의 경로를 정확히 예측하지는 못했다. 그러나 기상학자들의 노력으로 폭풍에 대한 정확한 예측은 점점 가능해지고 있다. 1998년 초, 영국의 남부를 쳤던 폭풍은 정확히 예측됐다.

생활 속의 일기예보

기상관측용 하이테크 장비들이 갑자기 고장나거나 작동을 정지하면 어떻게 될까? 혹은 컴퓨터에 입력한 데이터들이 모두 사라졌다면? 생각만 해도 아찔하다. 그러면 고도의 장비가 없었던 옛날에는 어떻게 날씨를 예측했을까? 민간에 전해오는 얘기를 들어보자.

동물 일기 예보 경연 대회

새로운 동물을 구하려고 하나요?
고양이와 개는 관두시고, 일기 예보에 관한 한, 이놈이면 틀림없다, 하는 동물이면 다 됩니다. 자, 어느 동물이든 도전해 보세요.

2위 소는 습기가 많고 폭풍이 부는 날씨에 민감하다. 소가 우리의 한 귀퉁이에 눕거나 웅크리면 바닥이 축축하다는 신호다. 비가 오기 전에 소들은 좀더 건조한 곳을 찾으려는 것이다.

1위 축하합니다! 제비와 칼새! 일기 예보의 명수인 제비가 떼를 지어 하늘 높이 날면, 곧 폭풍이 온다는 신호다. 높이 나는 이유는, 폭풍이 일기 전에 기류가 상승하여 제비가 잡아먹는 곤충들이 높이 날기 때문이다.

3위 다람쥐가 도토리를 모으면 겨울이 곧 온다는 것. 즉 날씨가 추워진다는 신호이다. 하지만 과학자들은 이렇게 말하겠지. 다람쥐는 가을에도 도토리를 모아요. 쳇!

날씨는 사람들의 생활과 아주 밀접하다. 그래서 정확한 일기 예보의 중요성은 더 커진다. 가령 내일이 학교에서 소풍을 가는 날이라면 비가 올지 안 올지 조마조마해진다. 친구들과 야외로 놀러갈 날짜를 잡을 때도 일기 예보는 큰 도움이 된다. 일기 예보가 항상 잘 맞지는 않지만 기상학자들은 끊임없이 관찰하고 연구한다. 기상 관측 장비도 훨씬 좋아져 더 정확한 예보가 기대된다. 특히 폭풍이 지나는 길에 사는 사람들에게는 정확한 예보가 더욱 절실하다. 말하자면 일기 예보는 삶과 죽음을 가르는 중대한 역할을 하기도 하는 것이다.

아! 폭풍이여

우리가 집에서 편안하게 책을 읽거나 텔레비전을 보는 동안에도 세계 각국의 기상학자들은 끊임없이 하늘과 바람을 관찰하고 연구한다. 폭풍을 몰고 오는 기후의 신비를 풀기 위해서. 그러나 아무리 훌륭한 기상학자라고 해도 폭풍의 경로를 항상 정확히 예측할 수 있는 것은 아니다. 폭풍은 경고 없이 갑자기 불기도 하니까. 그런 폭풍은 사람들의 목숨을 앗아가고 집과 농장을 황폐화한다. 집에서 가꾸는 예쁜 식물은 말할 것도 없고. 그러면 이 죽음의 폭풍은 인간에게 얼마나 큰 피해를 줄 수 있을까?

살인마 폭풍

햇빛 쨍쨍한 카리브해 해안의 섬에 산다면 얼마나 좋을까? 하지만 보이는 게 전부는 아니다. 카리브해 해안의 섬에 사는 사람들은 폭풍이 얼마나 무서운지 아주 잘 알고 있다.
1988년 10일 동안 그들의 삶을 온통 뒤흔들어 놓은 것은 다름 아닌 허리케인 '길버트' 이다.

허리케인 길버트에 관한 기록:
1. 허리케인 중 가장 강한 바람으로 기록되다. ―시속 275km로 불다가 최고 시속 320km에 이르기도 했다.
2. 서반구에서 불었던 태풍 중, '태풍의 눈' 의 압력이 가장 낮은 태풍이다. ―888헥토파스칼까지 떨어짐.
역사상 가장 매서운 폭풍 중 하나인 길버트는 가장 높은 등급

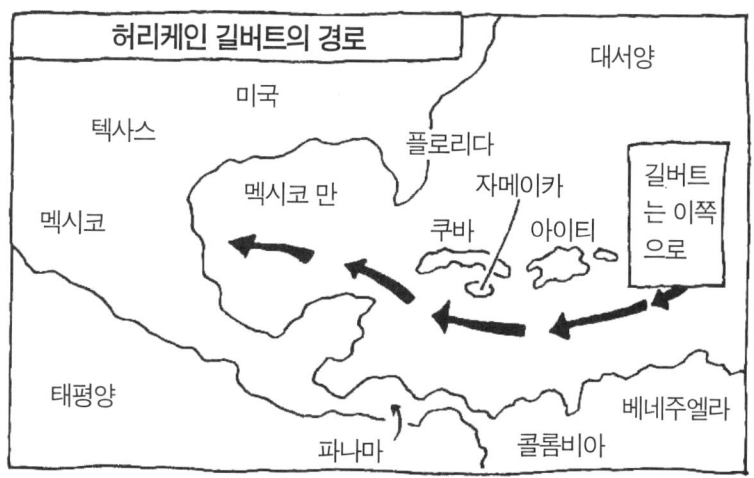

인 5를 받았다. 길버트는 '슈퍼 케인'이라고도 불린다. 기상 기록이 있은 이래, 미국에는 등급 5를 받은 허리케인이 단 두 개였다. 또한 길버트는 '태풍의 눈'이 가장 작은 태풍으로도 기록됐다. 보통 '태풍의 눈'은 직경 32~40km인데 길버트의 '눈'은 13km밖에 되지 않았다. 태풍의 눈이 작은 태풍은 그 집중된 힘으로 인해 파괴력이 두 배로 커진다.

사람들은 어떻게 대처했을까?

1. 세계에서 폭풍으로 인해 가장 큰 고통을 받은 나라는 어디일까? 아마도 자메이카일 것이다. 집과 학교, 병원들이 모두 심하게 파괴됐다. 폭풍과 폭우는 주 전화 교환국의 장비에도 손을 댔다. 그로 인해 나라 전체의 전화선이 완전히 끊어지고 말았다. 폭풍이 지난 뒤에도 며칠 동안 전기가 모두 끊기고 라디오나 텔레비전도 나오지 않았다. 전화선이 끊겼으니 나라 안의 참상을 밖으로 전할 방법도 없었다.

2. 자메이카의 국무총리는 이렇게 말했다. "자메이카의 현대 역사상 가장 큰 재앙입니다." 그 말은 과장이 아니었다. 나라의 주 수입원이었던 바나나와 닭 농장도 완전히 파괴됐다. 나라의 중요한 산업에 타격을 입은 자메이카는 연간 수입을 모두 잃고 말았다.

3. 걸프 해안가에 사는 미국인들은 심한 폭풍이 올 거라는 것을 단 이틀 전에 알았다. 사람들은 어떻게 해야 했을까? 가장 좋은 방법은 멀리 피신하는 것이다. 그렇다면 피신하지 못하고 남은 사람들은? 재빨리 비상 식량을 준비하고 비상 대책을 세워야 한다. 문에 덧문을 댄다든지 창문에 합판을 대기도 했다. 그리고 문 앞에는 이런 글을 써서 붙이기도 했다.

하지만 길버트는 그런 글에 조금도 아랑곳하지 않았다.

4. 멕시코 만에서는 석유를 캐던 노동자 수천 명이 장비를 그대로 두고 피신하는 사태가 벌어졌다. 멕시코 만은 폭풍이 자주 지나는 곳이다. 그 폭풍이 있기 1주일 전에도 또 다른 허리케인 '플로렌스'가 덮쳤었다. 2주 만에 허리케인이 두 번씩이나 불다니! 그곳에 사는 사람들은 얼마나 불안할까?

5. 텍사스 주, 코퍼스 크리스티 마을에 사는 길버트 곤잘레스는 이름 때문에 곤혹을 겪었다. 허리케인 길버트와 이름이 같다는 이유로 사람들이 전화를 걸었던 것. 한편, 그곳의 지역 방송국에서는 이런 음악들을 선곡해 내보냈다. '바람 속에 날려' '폭풍을 타고' '폭풍이 불어요'. 과연 폭풍의 습격을 맞은 사람들에게 그런 노래가 도움이 됐을까?

요건 몰랐지

폭풍이 불 때 사람들은 대부분 그곳을 멀리 피해 달아나려 한다. 그러나 과학자들은 특별 제작된 비행기를 타고 폭풍의 '눈' 속으로 들어간다. 관측을 위한 목숨을 건 비행이지만, 그런 비행기들이 여러 대라서 서로 부딪칠 충돌의 위험이 있다. 항공 진로를 서로 협의하는 긴급 조치가 필요하다.

죽음의 폭풍에서 살아 남기

만약 허리케인이 불어온다면 여러분은 어떻게 할 것인가? 우선 해야 할 일은 빨리 사람들에게 알리는 것이다. 이렇게 폭풍이 불어올 것을 미리 알고 사람들에게 전하는 기상학자들은 경보의 시간을 잘 맞춰야만 한다. 허리케인이 경로에 들어섰는지 확실히 확인하기 전에 사람들을 공포에 떨게 할 필요는 없다. 또한 제때에 경보를 못하면 사람들이 신속하게 대피할 수 없다. 그러기에 기상 관측과 일기 예보는 고도의 기술과 지식이 필요한 일이다. 미국에서는 두 단계를 거쳐 긴급 경보가 이루어진다. 첫째, 허리케인이 불 것으로 예상되는 날보다 며칠 전에 허리케인이 발견됐음을 알리고 비상 대책을 준비하게 한다. 그리고 24시간 전에 허리케인 진입 경보를 한다. 이는 더 정확한 예보를 위한 방침이다.

폭풍 경보

허리케인의 문제점은 마지막 순간까지도 예측할 수 없다는 것이다. 24시간 전에 알리는 것도 틀릴 수 있다. 갑자기 경로를 바꾸기 때문이다. 150km까지 다가와서도 다른 곳으로 향하기도 한다. 경보를 받은 사람들은 얼마나 애가 탈까.

요건 몰랐지

텍사스에 있는 휴양지, 칼베스톤은 태풍의 피해를 호되게 받고 대대적인 안전 대책을 세워야 했다. 칼베스톤은 낮은 모래 지대에 세워진 도시인데, 그것이 치명적이었던 거다. 1900년, 허리케인이 그곳을 강타했을 때, 폭풍은 물결을 마구 휘저었다. 저녁이 되자 도시는 물속 4m 아래로 잠겼다. 6,000명이 죽었고 2,700가구가 물살에 휩쓸려갔다. 그 뒤로 칼베스톤은 다시 지어졌다. 바닷물이 들어오지 못하도록 새로운 장벽을 쳤다. 15년 뒤, 다시 폭풍의 공격을 받았을 때는 이전의 엄청난 피해와 달리 15명이 목숨을 잃었을 뿐이었다.

폭풍 안전 지침서

만약 여러분이 사는 곳에 허리케인이나 토네이도가 불어온다면 어떻게 할까? 폭풍이 일어났을 때의 안전 수칙을 소개한다. 언제 어떻게 될지 모르니 잘 읽고 기억할 것!

① 라디오의 뉴스에 귀기울일 것
　뉴스에서는 긴급 경보와 비상 대책 방법을 신속히 알려 줄 것이다. 텔레비전 뉴스를 봐도 되겠지만 폭풍은 집 밖에 매단 안테나를 칠 수도 있다. 그러니 배터리를 이용한 라디오가 필요하다.

② 폭풍이 오는 곳을 얼른 빠져 나올 것
　그러나 절대 해안 쪽으로는 가지 말고 반드시 내륙 쪽으로 도망갈 것. 놀러왔다고 바닷가에서 어슬렁거릴 때가 아니다. 허리케인은 바다에서 태어나는 폭풍이니까.

③ 만약 도시에 갇혔다면 비상 대피소를 찾아갈 것
　비상 대피소는 학교나 교회 같은 공공장소에 있다. 하지만 어느 쪽인지 알 수 없을 때는 일단 지하를 찾아볼 것. 토네이도 '앨리'를 기억하나? 그 지역에 사는 사람들은 대부분 지하에 대피소를 만들어 놓았다. 만약 없다면 스스로 만들어야지!(방법은 다음 페이지에 있음.)

여러분은 학교에서 화재 비상 대피연습을 하나? 허리케인 비상 대피연습도 해보면 어떨까? 폭풍이 자주 부는 곳에서는 평소에 대피 훈련을 잘 해둬야 한다. 대피 훈련이 실제 상황이 되기가 쉽다. 신속하고 현명하게 움직일 것!

폭풍 대피소 만들기

준비물:
- 큰 나무판자 두 개
- 콘크리트(콘크리트로 만든 원통이 있어도 좋다.)
- 삽 한 개

실험:

a) 마당에 웅덩이를 판다. 크기는 가로 1.5m, 세로 2.5m, 깊이 2m 정도. 이 정도 크기면 여덟 사람이 들어갈 수 있다.(작업하기 전에 부모님께 꼭 말씀을 드릴 것.)

b) 웅덩이 안에 원통 콘크리트를 묻거나 웅덩이 입구 가장자리에 콘크리트를 바른다.(만약 시간이 없다면 콘크리트 바르는 것을 그만두고 얼른 웅덩이 속으로 피신하라.)

c) 나무로 문을 만든다.

d) 비상 식량과 물을 웅덩이 안에 보관한다.

e) 웅덩이 안에 들어가 피신한다.

④ 대피소가 없다면?

그래도 괜찮다. 겁먹지 말라. 시간이 좀 있다면 창문이나 문에 나무 합판을 덧대고 창문 쪽에 있는 가구를 모두 치워라. 그런 후 피신할 장소로는 목욕탕이 좋다. 목욕탕은 배관 공사로 인해 벽이 튼튼하기 때문이다.

그보다 더 좋은 것은 욕조통 안에 들어가 있는 것! 아니면 계단 밑에 숨어도 좋다. 그러나 반드시 창문에서 멀리 떨어져야 함을 명심하라. 유리가 깨지면 위험하기 때문이다. 그리고 절대로 창 밖을 내다보면 안 된다.

⑤ 폭풍이 완전히 사라질 때까지 대피소에서 나오지 말 것

특히 허리케인이 쳤을 때는 피신해 있는 곳에서 함부로 나오면 안 된다. 허리케인은 숨바꼭질하는 데 명수다. 잠시 바람이 잠잠해지더라도 안심하면 안 된다. 언제 폭풍이 왔냐는 듯 조용해도 피신해 있는 곳에 그대로 있어야 한다. 바람이 잠잠해지는 것은 폭풍의 눈일 수도 있다. 폭풍이 등 뒤에 몰래 숨어 기다리고 있을지도 모르니 잠시도 안심하면 안 된다.

⑥ 비상 장비를 잘 갖춰 둘 것

마실 물(며칠 동안 마실 분량을 안전한 곳에 비치해 둘 것)과 통조림 식품(통조림 따개도 잊지 말 것), 침낭, 비상 약품, 손전등(배터리를 많이 준비할 것), 배터리로 작동하는 라디오도 중요하다.

⑦ 밖에서 폭풍을 만나면 어떻게 할까?

침착하게 웅덩이를 찾아보고 낮게 엎드린다. 또는 튼튼한 다리 아래에 몸을 피한다. 이때 파편이 날아올 것을 대비하여 팔로 머리를 잘 감싸야 한다. 차를 타고 가다가 폭풍을 만났다면,

차 안에서 폭풍이 지나가길 기다리면 안 된다. 허리케인과 토네이도는 자동차를 통째로 날려 버릴 수도 있다. 차에서 빨리 나와 바닥에 엎드리거나 대피소를 찾아 얼른 대피하라.

> **요건 몰랐지**
>
> 여러분은 평소에 작은 소리도 잘 듣나? 소리에 민감하고 청력이 좋은 사람은 토네이도가 가까이 오는지 알려 줄 수 있다. 토네이도가 땅을 가로질러 다가올 때 지면을 통해 충격파가 보내진다. 잘 들어 보면 이 소리를 들을 수 있다. 그러나 이때 귀를 다칠 위험이 있다. 미국의 과학자들은 사람이 직접 듣는 위험을 없애기 위해 전자 탐지기를 개발하려고 노력하고 있다. 어쩌면 미래에는 이런 전자 귀를 도난 경보기처럼 집집마다 소장하게 될 수도 있을 것이다.

그래도 희망은 있다

옛날에 사람들은 종을 치거나 대포를 쏘면 폭풍이 멀리 사라진다고 믿었다. 그들은 폭풍이 올 것 같으면 열심히 종을 치고 대포를 쐈다.

과연 토네이도의 거센 폭풍을 잠재울 수 있을까? 허리케인의 위력을 멈출 수 있을까? 미국의 어떤 과학자들은 그 해답을 찾으려 노력한다.

1940년대에 과학자들은 인공적으로 비가 오게 하는 방법을 발견해 냈다. 요드화은이라는 화학 물질로 먼지를 만들어 비행기를 타고 폭풍 구름 속에 그 먼지를 뿌린다.

이 먼지는 구름 속에서 얼음 결정이 자라도록 해 주는 역할을 한다. 그리고 이 얼음 결정이 녹아서 비로 떨어질 것이다. 그야

말로 대단한 발견이고 대단한 계획이었다. 그들은 이 실험을 허리케인에 적용했다. 폭풍의 눈 둘레에 있는 '구름벽'에 요드화은 먼지를 떨어뜨리면 비가 내릴 것이다. 비로 쏟아지는 에너지로 인해 구름벽이 커지고 바람은 약해질 것이다. 그들의 생각은 그랬다. 그런데 결과는 예상을 빗나갔다.

과연 어떤 일이 일어났을까?
a) 허리케인이 더 강해졌다.
b) 허리케인이 갑자기 경로를 바꾸었다.
c) 허리케인이 스르르 약해지더니 사라졌다.

> 답: b) 허리케인이 갑자기 경로를 바꾸었다. 그리고 전과 예상하지 않았던 곳에 상륙했다. 1960년대에 미국 해양대기국은 실험을 중단했다. 훗날 과학자들이 밝혀낸 사실은, 허리케인 둘레 3개에 큰 눈은 비, 바람 그리고 해일을 몰고 온다는 사실이었다. 때때로 곡식을 자라게 하는 비가 되기도 하지만, 대개는 집을 부수고 목숨을 앗아가는 폭풍이 된다. 그럼에도 불구하고 그 일은 장차 시도될 수 있다.

폭풍에도 끄떡 없는 건물

폭풍을 멈출 수 없다면 폭풍에 맞설 수 있는 보호책이 필요하다. 폭풍에도 끄떡하지 않는 집을 지으면 간단하지 않을까? 미국의 어떤 지역에는 건물을 지을 때, 폭풍에 대비한 수칙이 정해져 있다. 그러면 건물을 짓는 사람들은 폭풍에도 끄떡없는 집을 지을 재료를 어떻게 선택할까? 텍사스에 있는 엔지니어들은 안전 실험을 통해 폭풍에도 끄떡하지 않는 집을 지으려고 궁리했다. 토네이도의 힘을 테스트하는 실험을 통해서.

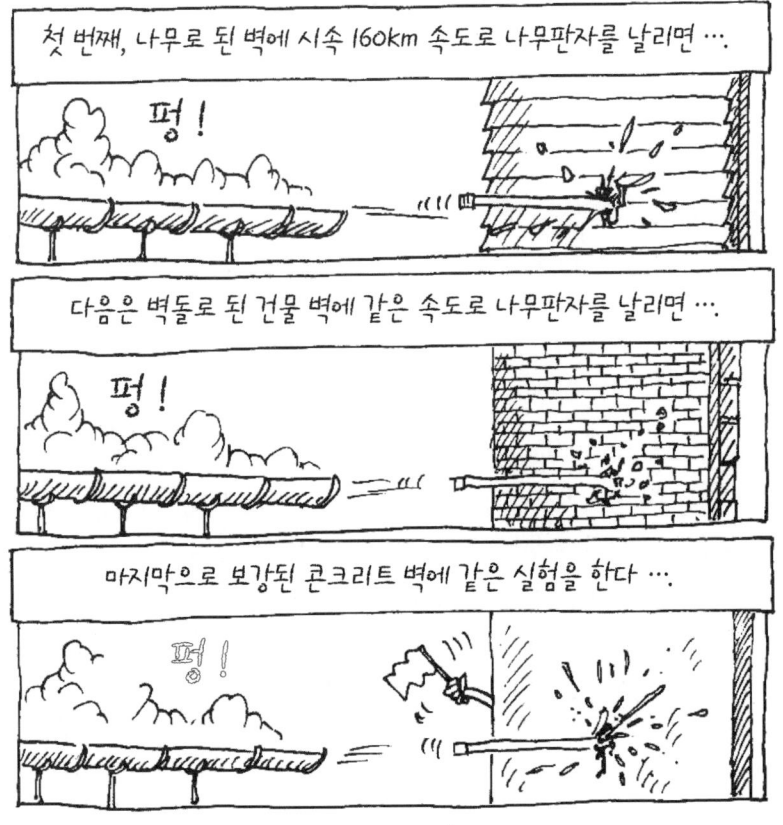

어떤 벽이 가장 강한가?

답: 3

나무판자로 된 충격이 나무로 만든 벽들을 박살 낼 수 있다. 벽돌은 나무보다 더 강하지만, 강한 토네이도가 일으킨 바람을 이겨낼 수는 없다. 그러나, 콘크리트 벽은 나무 기둥을 튀게 할 뿐이다. 잘 보강된 콘크리트 벽은 이 실험의 결과로 볼 때 사람들이 안전하게 있을 수 있는 가장 튼튼한 벽이다.

폭풍은 사람들의 집을 파괴하고 농작물과 생활의 터전을 짓밟아 놓는다. 사람들의 목숨을 앗아가고 인류의 역사도 바꿔 놓는다.

요건 몰랐지

1588년, 5일 간 휘몰아치던 폭풍이 스페인의 함대를 기습했다. 스페인의 왕 필립 2세는 영국을 공격하기 위해 군함 130척을 보냈다. 그런데 그 중에서 60척만 스페인으로 간신히 돌아왔다. 그들의 작전은 완전히 실패였다. 영국군과 싸우기도 전에 폭풍의 공격에 패하고 말았던 것.

☆ 폭풍 스타들 ☆

그러면 폭풍은 파괴와 재앙을 불러오기만 하는 걸까? 인간에게 이로운 일은 전혀 하지 않는 걸까?

폭풍이 하는 착한 일
공식적으로 밝혀진 것은….

지구의 온도를 일정하게 유지한다
지구에 비치는 태양광선은 어디에나 똑같지 않다. 적도에는 직접 내리 쪼이지만 남극과 북극에는 비스듬히 비친다. 그래서 적도는 아주 뜨겁고 덥지만 남극과 북극은 아주 춥다. 폭풍은 이런 태양열을 고루 나눠지게 한다. 열대성 기후의 지역이 더 뜨거워지는 것을 막아 주고, 반대로 남극과 북극이 더 추워지는 것을 막아 주는 것이다. 어떻게 그렇게 되는 걸까? 바람 때문이다. 바람은 적도로부터 남는 열을 북극과 남극 쪽으로 보낸다. 그리고 남극과 북극의 찬 공기가 열대 지방으로 옮겨진다. 참 고마운 바람이지? 더운 공기, 찬 공기의 이동을 그림으로 보면….

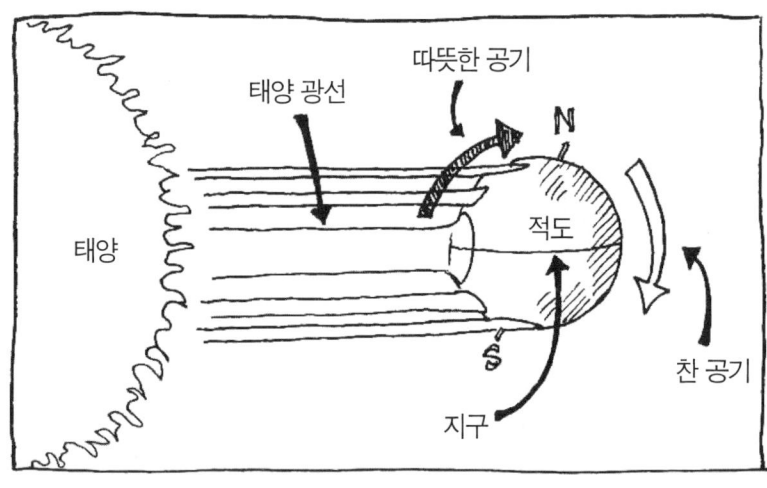

정원의 풀들을 자라게 한다

번개는 사람의 목숨을 앗아갈 수도 있다. 하지만 정원에는 좋은 영향을 끼친다. 번개는 질소와 산소를 공기 중에서 섞어 빗물 속으로 녹아 스며들게 한다. 그리고 비가 내리면 그 성분이 토양에 흡수된다. 이는 말라 있던 식물에게 환상적인 비료가 된다. 폭풍, 이 정도면 꽤 착하지?

　폭풍과 번개가 여러분의 정원에만 좋은 일을 하는 것은 아니다. 전 세계의 농부들에게도 좋다. 폭풍은 폭우를 줄여 주기 때문에 농작물에 좋은 영향을 끼친다. 물론 적당한 폭풍이어야 하겠지만. 적당한 폭풍이 불지 않으면 농작물도 살 수 없으며, 농작물이 없으면 인간도 살 수 없게 된다. 폭풍과 폭우는 함께 오지만 서로를 적당히 견제하고 줄여 준다. 그러므로 폭풍이 불지 않으면 비도 많이 오지 않는다. 그러면 우리는 마실 물도 씻을 물도 부족할 것이다.

　허리케인 '미취'와 함께 온 그 엄청난 폭우를 아는 사람들은 "그래도 좋은 점이 많아. 하지만 그 지긋지긋한 폭우는 정말 싫어."라고 말할지도 모른다. 그러나 비가 너무 오지 않아 가뭄이 들어도 역시 재앙이다. 옛날 사람들은 비를 신으로 숭배했다. 아즈텍의 비의 신은 하늘 높은 곳에서 살았다. 성난 비의 신은 커다란 단지 네 개에 비를 넣어 두고 있다가 사람들이 비를 내려달라고 빌면 단지 속에 있는 비를 던져 주었다.

지구에 생명을 창조한다

미국의 과학자들은 대기 중에 유사 복합 기체를 뿌려 인공 번개를 만드는 데 성공했다. 얍! 번개 나와라! 이 인공 번개는 아미노산이라는 화학 제품을 만든다. 아미노산은 지구상에 있는 생물들의 생명을 지키는 중요한 방어막이 되는 물질이다.

아주 오래 전에 화석화한 번개를 볼 수도 있다. 초록색을 띤 회색 풀같이 보이는 이것은 번개가 토양을 녹일 때 생긴다.(이것의 어려운 이름은 '섬전암'이다.)

요건 몰랐지

다른 행성에도 폭풍성 날씨가 있다. 목성이 그 예이다. 목성에 있는 '대적점(The Great Red Spot)'은 거대 폭풍의 흔적임에 틀림없다. 그 붉은 반점의 크기는 둘레가 40,000km, 지름이 14,000km로 아주 큰 나라와 맘먹는다. 반점이 나라만하다고!

거친 금성에 부는 폭풍은 강한 유황산을 떨어뜨리는데, 이는 바위를 녹일 수 있을 정도이다. 우산은 전혀 소용없겠군! 금성에서 생명체가 살 수 없는 것도 놀랄 일이 아니네?

지구가 점점 더워져?

어쩌면 폭풍이 좋은 일을 더 많이 하게 될지도 모른다. 무슨 얘기냐고? 기상학자들은 앞으로 폭풍이 더 자주 일어날 것이라고 예상한다. 이는 사람들이 대기를 혼란시키기 때문이다. 사람들은 어떻게 대기를 혼란시키는 것일까? 그 시작은 바로 '지구 온실 효과'이다.

온실 효과란 무엇일까?

지구에 흡수되는 태양열은 반이 채 되지 않는다. 나머지 열은 지구로 오다가 대기 중에 흡수되기 때문이다. 그런데 지구는 온실처럼 점점 더워지고 있다. 왜일까? 대기 중에 있는 독한 가스가 태양열이 대기권 밖으로 날아가는 것을 막기 때문이다. 반면, 태양열이 지구에 흡수되지 않고 모두 대기권 밖으로 날아가 버리면 지구는 얼음으로 뒤덮이게 될 것이다.(스케이트 타기에는 좋겠군.) 대기 중에 있는 태양열을 흡수하고, 또 태양열이 대

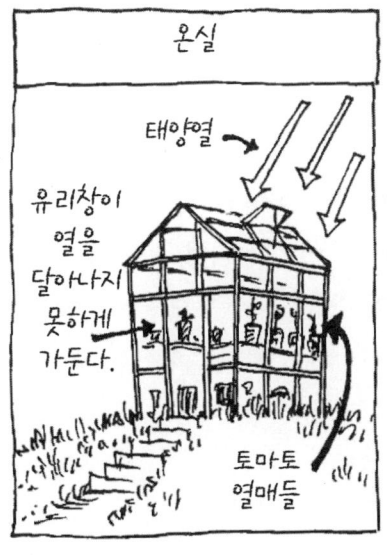
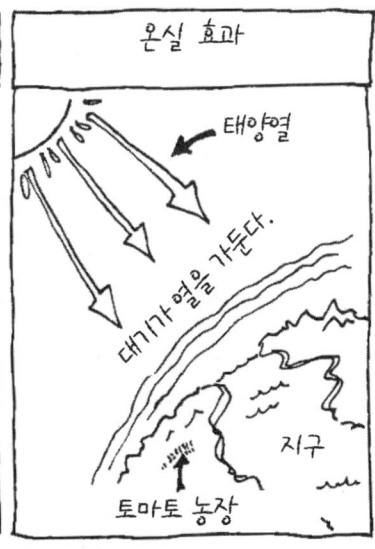

기권 밖으로 날아가는 것을 막는 것은 마치 온실에 있는 유리창이 하는 역할과 같다. 온실에 있는 유리창은 흡수한 열을 날아가지 못하게 한다. 이처럼 지구에 비치는 태양열의 흡수와 발산의 균형이 깨져, 온실처럼 열을 흡수하기만 하고 발산하지 못해 지구가 조금씩 더워지고 있는 것이다.

문제는 무엇인가?

심각한 지구 온실 효과를 불러오는 독한 가스가 대기 중에 늘어나고 있다. 그러면 지구는 계속 더워지게 될 것이다. 앞으로 지구의 온도가 얼마나 더 높아질지에 대한 정확한 계산은 없다. 다만 과학자의 추측은 2050년까지 해마다 2도씩 올라갈 것이라는 것. 1년에 2도? 별로 대수롭지 않다고? 아니다. 이로 인해 엄청난 결과가 생길 수도 있다. 지구가 조금씩 더워지면 무시무시한 폭풍이 더 자주 일어나게 될 것이다. 폭풍은 보통 폭우와 천둥, 번개와 함께 나타난다. 그리고 바다가 점점 더워지면 지구상에 허리케인이 더 자주 일어날 수 있다. 이처럼 지구의 기온이 올라가면 지구 기후 전체에 큰 혼란이 생기게 된다.

누구의 탓인가?

그 책임은 우리 인간에게 있다. 왜 그럴까? 온실 효과를 일으키는 주된 기체는 이산화탄소이다. 이는 우리가 숨을 내쉴 때 나오는 것과 같은 기체이다. 또한 자동차에서 나오는 매연에도, 공장과 발전소에서 나오는 공해에도 이산화탄소가 다량 함유돼 있다. 그리고 열대림이 탈 때도 이산화탄소가 공기 중에 많이 배출된다. 인간은 대기 중에 이산화탄소를 마구 배출하고 있는 것이다. 그것뿐이 아니다. 냉장고와 살충 분무기(냄새를 막는 방취제 등 모든 스프레이 제품도 마찬가지다.)에서 나오는 프레온가스(CFCs)와 쓰레기더미에서 나오는 악취나는 메탄가스도 대기를 오염시킨다.(소의 트림이나 방귀에서 나오는 메탄가스도!) 이들은 아주 좋지 않은 냄새를 남길 뿐 아니라 지구의 대기에도 악영향을 미친다.

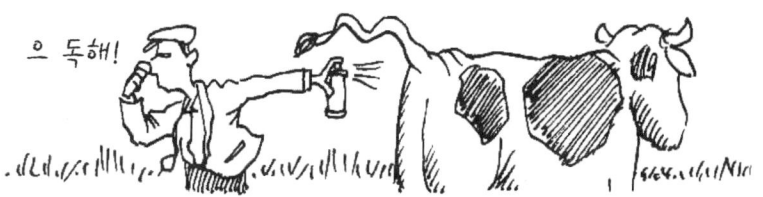

그럼 어떻게 할까?

지구가 오염되어 자꾸만 뜨거워지는 것을 보고만 있어야 할까? 그럴 순 없다! 반성과 대책이 필요하다. 이를 막을 수 있는 방법은 단 하나! 우리 모두가 나서야 한다. 우선 공기 중에 더러운 연기를 내뿜는 석탄과 석유와 목재를 연료로 쓰지 말아야 한다. 자동차 연료도 좀더 깨끗한 가솔린을 사용해야 한다. 그러면 방취제 등 스프레이 제품은 어떻게 할까? 이것들을 사용하지 않으면 가장 좋겠지만 그건 거의 불가능한 일이다. 그래서 요즘에는 스프레이 제품에 프레온가스를 넣지 않으려는 노력이 한창이다. 실제로 프레온가스가 들어 있지 않은 제품도 많이 나와 있다.

하여간 온 나라가 나서야 한다. 얼마 전, 전세계 각국 정부는 지구 대청소에 동참하기로 합의했다. 2000년부터 각국의 회사들은 대기 중에 방출하는 이산화탄소의 양을 제한받고 있다. 그러나 이는 시작일 뿐 앞으로 갈 길이 멀다.

우리 모두의 잘못이다

어떤 사람들은 환경과 날씨가 나빠진 것을 누군가의 탓으로 돌리고 싶어한다. 엘니뇨 현상(이상 고수온 현상)이 물의를 일으키기 시작했을 때의 일이다. 아무 잘못 없는 '알 니뇨' 씨는 느닷없이 그 비난의 화살을 받아야 했다. 이름이 비슷하다는 이유로. 다음의 두 편지는 그런 상황을 잘 보여 준다. 그리고 편지에 나온 이야기는 모두 진실이다.

1998년
미국, 알칸사스

친애하는 니노 씨.

제 얘기를 잘 들어 보십시오. 당신이 지금 무슨 일을 하고 계신 건지 그 책임이 얼마나 막중한지 알고 계십니까? 우리가 당신의 이름을 처음 들은 이후, 생긴 그 엄청난 혼란과 지겨운 문제들을 말입니다. 그렇습니다. 문제도 보통 문제가 아니죠. 아주 심각한 일입니다.

지금까지 넉 달 내리 비가 오고 있습니다. 비는 오고 또 옵니다. 그칠 생각을 안 합니다. 게다가 이전에는 없었던 폭풍까지 불고 있습니다. 제가 그저 기분이 좀 상해서 이런 편지를 쓰는 게 아닙니다. 저희는 참을 만큼 참았습니다. 참다 못해 이런 편지까지 쓰게 된 것이죠. 예기치 않은 폭우와 폭풍으로 인해, 올해 제 옥수수 농사는 모두 망했습니다. 이웃과 친구의 농사도 그렇습니다. 논과 밭은 우리의 삶의 터전입니다. 우리는 지금 살 곳을 잃어버렸습니다. 그게 모두 당신의 탓이란 말입니다.

대체 언제 끝납니까? 당신은 지금 서서히 우리를 죽이

고 있습니다. 당신이 하는 일을 당장 그만두십시오.

알칸사스에서
화가난 씨가

친애하는 화가난 씨.

1998년
미국, 캘리포니아

  편지 정말 감사했습니다. 그런 어려움이 있었다니 정말 유감이군요. 하루 속히 그런 고난이 끝나길 바랍니다. 그런데 말씀 드려야 할 것이 있군요. 귀하의 그런 문제는 저와 아무런 관계가 없습니다. 비가 계속 오는 것은 절대 제 잘못이 아닙니다.
  귀하께선 다른 사람과 저를 혼동하신 듯하군요. 아니면 사람이 아니라 다른 것과 말이죠. 하긴 제 주변에도 저와 '엘니뇨' 현상을 혼동하는 사람이 있기 하니까요. 제 이름은 '엘니뇨'가 아니라 '알니뇨' 입니다. 엘니뇨는 제가 알고 있는 바로는 바다의 기온이 올라가는 현상인데요. 남아메리카 해안에서 나타나는 좀 기이한 현상이죠. 실은 '엘니뇨' 라는 말은 스페인 말로 '아이' 라는 뜻이랍니다. 이번 경우에는 '아기' 라는 뜻이 더 맞겠지만요. 왜냐면 예수가 태어난 크리스마스에 그런 현상이 일어났으니 말입니다.
  저는 사실 캘리포니아 출신으로 은퇴한 선장입니다. 올해에 '엘니뇨' 는 알칸사스 말고도 전세계에 이상 기후를 불러왔다고 합니다.
  다름 아닌, 엘니뇨로 인해 바람의 방향이 뒤바뀌어서

그런 것이죠. 이로써 바다에서 증발하는 수증기가 늘어나고 그 결과, 폭풍을 몰고 오는 구름이 더 많이 생기게 된 것입니다.
 그래서 건조해야 하는 곳에 폭우가 쏟아지고 반대로 비가 와야하는 곳에 가뭄이 들게 된 것이죠.
 저의 이런 말이 무슨 위안과 도움이 되겠습니까마는, 이 현상으로 인해 유럽과 페루에는 엄청난 비가 내려 홍수가 났다고 합니다. 우리가 사는 이곳에 토네이도가 마구 불어왔듯이 말입니다.
 저의 토마토 농장도 토네이도로 엉망이 되었습니다. 그런데 그로 인해 허리케인이 불었던 횟수는 반으로 줄었다는군요.
 이제 차차 좋아지리라 저는 확신합니다.

알 니뇨

폭풍의 미래는?

그렇다면 앞으로 지구에는 폭풍이 점점 많이 불 것인가? 아니면 지구 온난화 현상은 그저 컵 속의 폭풍에 불과할까? 이에 대한 지리학자들의 의견은 분분하다. 다음의 전문가 세 사람의 이야기를 들어 보고 여러분도 스스로 생각해 보라.

지리학자들의 의견은 다음과 같다.

사태는 점점 더 나빠질 것이오. 지구에는 나날이 폭풍이 늘어갈 것이고 점점 더 더워질 전망입니다. 해마다 지구의 온도는 2~3도씩 상승할 것인데, 이로써 폭풍이 자주 일어날 것이고, 그 파괴력은 점점 심해질 것이오. 그렇다면 돌아갈 길은…? 없소. 지구의 미래는 끔찍하오! 지구와 인간의 운명은 죽음인 거요!

맞아요, 맞아. 지구 온난화는 지구의 미래 기후를 예측하는 데에 크게 작용하겠지만 우리는 미래의 기후가 어떨지 확신할 수 없어요. 내일 날씨도 어떨지 확신하지 못하는 상황이잖아요. 폭풍을 수반하는 기후가 점점 잦아질 수도 있지만, 그렇지 않을 수도 있는 거죠. 날씨란 정확히 예측할 수 없으니 우리가 생각하는 만큼 그렇게 나쁘지 않을 수도 있다는 겁니다. 그러니 안심하고 침착하세요. 모든 게 잘 될 것입니다!

다른 지리학자들은 또 이렇게 말한다.

물론 양쪽 의견이 모두 충분히 잘 관찰한 결과겠지만, 폭풍이란 일정한 주기에 따라 나타납니다. 끔찍한 폭풍은 30년 주기로 옵니다. 지난 30년은 잠잠한 편이었죠. 이제 그 끝에 다다른 것 같은데요. 그래서 우리는 아주 심각한 폭풍성 기후가 올 것으로 예상합니다. - 특히 허리케인이 나타나는 지대에선 더욱 위험하죠. - 그런 폭풍과 허리케인이 우리 지구의 기후를 영원히 바꿔놓지는 않겠지만, 미리 대비책을 세우고 대피할 준비를 철저히 해야 합니다!

흠! 대체 누구의 말을 믿어야 하나? 헷갈리는군. 하지만 우리가 확실히 알 수 있는 것 한 가지는 폭풍을 수반하는 난폭한 날씨는 예측할 수 없다는 것이다. 폭풍과 폭우를 관찰하고 측정할 수는 있다.(머리가 빠개질 정도로!) 그러나 모든 걸 알아 냈다고 생각했을 때 전혀 예상하지 못한 일이 발생할 수도 있다. 그러기에 이 변화무쌍한 날씨와 기후를 관찰하고 예측하는 일이 무시무시하면서도 더욱 흥미있는 게 아닐까?

앗, 시리즈 (전 70권)

수많은 교사와 학생들이 한눈에 반한 책.

전 세계 2천만 독자의 인기를 독차지한 〈앗, 시리즈〉는 수학에서부터 과학, 사회, 역사까지, 공부와 재미를 둘 다 잡은 똑똑한 학습교양서입니다.

수학
01 수학이 모두 모여 수군수군
02 수학이 수리수리 마술이
03 수학이 수군수군
04 수학이 또 수군수군
05 수학이 자꾸 수군수군 1. 셈
06 수학이 자꾸 수군수군 2. 분수
07 수학이 자꾸 수군수군 3. 확률
08 수학이 자꾸 수군수군 4. 측정
09 대수와 방정맞은 방정식
10 도형이 도리도리
11 섬뜩섬뜩 삼각법
12 이상야릇 수의 세계
13 수학 공식이 꼬물꼬물
14 수학이 꿈틀꿈틀

과학
15 물리가 물렁물렁
16 화학이 화끈화끈
17 우주가 우왕좌왕
18 구석구석 인체 탐험
19 식물이 시끌시끌
20 벌레가 벌렁벌렁
21 동물이 뒹굴뒹굴
22 화산이 왈칵왈칵
23 소리가 속삭속삭
24 진화가 진짜진짜
25 꼬르륵 뱃속여행

26 두뇌가 뒤죽박죽
27 번들번들 빛나리
28 전기가 찌릿찌릿
29 과학자는 괴로워?
30 공룡이 용용 죽겠지
31 질병이 지끈지끈
32 지진이 우르쾅쾅
33 오싹오싹 무서운 독
34 에너지가 불끈불끈
35 태양계가 티격태격
36 튼튼탄탄 내 몸 관리
37 똑딱똑딱 시간 여행
38 미생물이 미끌미끌
39 의학이 으악으악
40 노발대발 야생동물
41 뜨끈뜨끈 지구 온난화
42 생각번뜩 아인슈타인
43 과학 천재 아이작 뉴턴
44 소름 돋는 과학 퀴즈

사회 · 역사
45 바다가 바글바글
46 강물이 꾸물꾸물
47 폭풍이 푸하푸하
48 사막이 바싹바싹

49 높은 산이 아찔아찔
50 호수가 넘실넘실
51 오들오들 남극북극
52 우글우글 열대우림
53 올록볼록 올림픽
54 와글와글 월드컵
55 파고 파헤치는 고고학
56 이왕이면 이집트
57 그럴싸한 그리스
58 모든 길은 로마로
59 아슬아슬 아스텍
60 잉카가 이크이크
61 들썩들썩 석기 시대
62 어두컴컴 중세 시대
63 쿵쿵쾅쾅 제1차 세계 대전
64 쾅쾅탕탕 제2차 세계 대전
65 야심만만 알렉산더
66 위풍당당 엘리자베스 1세
67 위엄가득 빅토리아 여왕
68 비밀의 왕 투탕카멘
69 최강 여왕 클레오파트라
70 만능 천재 레오나르도 다 빈치

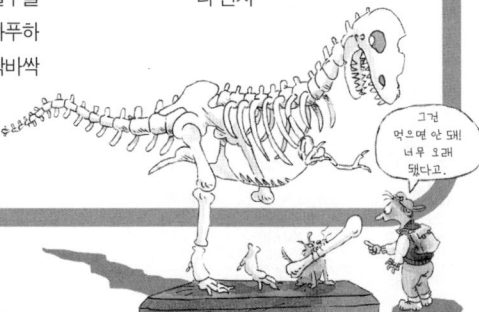

**전 세계 2천만 독자가 함께 읽는
<앗, 시리즈>**

난 클레오파트라의 영원한 친구!